하루 한 장

사자성어 따라쓰기

어린이교육연구원 글 · 손종근 외 그림

차례

제1장 ㄱ으로 시작하는 사자성어 쓰기

각주구검(刻舟求劍) ······ 8	고군분투(孤軍奮鬪) ······ 20
간담상조(肝膽相照) ······ 9	고복격양(鼓腹擊壤) ······ 21
감언이설(甘言利說) ······ 10	고육지계(苦肉之計) ······ 22
개과천선(改過遷善) ······ 11	관포지교(管鮑之交) ······ 23
건곤일척(乾坤一擲) ······ 12	구밀복검(口蜜腹劍) ······ 24
견물생심(見物生心) ······ 13	구상유취(口尙乳臭) ······ 25
결자해지(結者解之) ······ 14	군계일학(群鷄一鶴) ······ 26
결초보은(結草報恩) ······ 15	권모술수(權謀術數) ······ 27
경거망동(輕擧妄動) ······ 16	권선징악(勸善懲惡) ······ 28
경국지색(傾國之色) ······ 17	금상첨화(錦上添花) ······ 29
문제 꼼꼼! 실력 쑥쑥! ······ 18	문제 꼼꼼! 실력 쑥쑥! ······ 30
	재밌는 유래 한마당! ······ 32

제2장 ㄴㄷㅁㅂ으로 시작하는 사자성어 쓰기

난형난제(難兄難弟) ······ 34	맹모삼천(孟母三遷) ······ 46
남가일몽(南柯一夢) ······ 35	맹인모상(盲人摸象) ······ 47
남귤북지(南橘北枳) ······ 36	무릉도원(武陵桃源) ······ 8
낭중지추(囊中之錐) ······ 37	문경지교(刎頸之交) ······ 49
다기망양(多岐亡羊) ······ 38	문전성시(門前成市) ······ 50
다다익선(多多益善) ······ 39	박장대소(拍掌大笑) ······ 51
대기만성(大器晩成) ······ 40	배수지진(背水之陣) ······ 52
동문서답(東問西答) ······ 41	백발백중(百發百中) ······ 53
동병상련(同病相憐) ······ 42	백아절현(伯牙絶絃) ······ 54
마이동풍(馬耳東風) ······ 43	비육지탄(髀肉之嘆) ······ 55
문제 꼼꼼! 실력 쑥쑥! ······ 44	문제 꼼꼼! 실력 쑥쑥! ······ 56
	재밌는 유래 한마당! ······ 58

제3장 ㅅㅇ으로 시작하는 사자성어 쓰기

사면초가(四面楚歌) ······ 60	오리무중(五里霧中) ······ 72
사상누각(沙上樓閣) ······ 61	와신상담(臥薪嘗膽) ······ 73
살신성인(殺身成仁) ······ 62	용두사미(龍頭蛇尾) ······ 74
삼고초려(三顧草廬) ······ 63	유비무환(有備無患) ······ 75
상전벽해(桑田碧海) ······ 64	유언비어(流言蜚語) ······ 76
새옹지마(塞翁之馬) ······ 65	유유상종(類類相從) ······ 77
설상가상(雪上加霜) ······ 66	이심전심(以心傳心) ······ 78
아비규환(阿鼻叫喚) ······ 67	일거양득(一擧兩得) ······ 79
아전인수(我田引水) ······ 68	일벌백계(一罰百戒) ······ 80
어부지리(漁夫之利) ······ 69	일장춘몽(一場春夢) ······ 81
문제 꼼꼼! 실력 쑥쑥! ······ 70	문제 꼼꼼! 실력 쑥쑥! ······ 82
	재밌는 유래 한마당! ······ 84

제4장 ㅈㅊㅌㅍㅎ으로 시작하는 사자성어 쓰기

자포자기(自暴自棄) ······ 86	청천벽력(青天霹靂) ······ 98
작심삼일(作心三日) ······ 87	타산지석(他山之石) ······ 99
전전긍긍(戰戰兢兢) ······ 88	토사구팽(兔死狗烹) ······ 100
정중지와(井中之蛙) ······ 89	파죽지세(破竹之勢) ······ 101
조강지처(糟糠之妻) ······ 90	평지풍파(平地風波) ······ 102
조삼모사(朝三暮四) ······ 91	함흥차사(咸興差使) ······ 103
죽마고우(竹馬故友) ······ 92	형설지공(螢雪之功) ······ 104
천고마비(天高馬肥) ······ 93	호가호위(狐假虎威) ······ 105
천의무봉(天衣無縫) ······ 94	화룡점정(畫龍點睛) ······ 106
천편일률(千篇一律) ······ 95	환골탈태(換骨奪胎) ······ 107
문제 꼼꼼! 실력 쑥쑥! ······ 96	문제 꼼꼼! 실력 쑥쑥! ······ 108
	재밌는 유래 한마당! ······ 110
	정답 ······ 111

한자를 쓰는 기본 방법

한자는 획수가 많고 복잡해서 쓰는 순서를 잘 알고 있어야 해요. 이를 '필순'이라고 하는데, 한자 쓰는 기본 방법을 알면 필순도 어렵지 않게 익힐 수 있답니다.

1. 위아래 구조의 글자는 위에서 아래로 쓴다.

言 言 言 言 言 言 言 言

2. 좌우 구조로 된 글자는 왼쪽에서 오른쪽으로 쓴다.

外 外 外 外 外 外

3. 왼쪽과 오른쪽이 대칭을 이루면 가운데 획을 먼저 쓴다.

水 水 水 水 水

4. 가로획과 세로획이 교차될 때는 가로획을 먼저 쓴다.

十 十 十

5. 가운데를 꿰뚫는 획은 가장 나중에 쓴다.

車 車 車 車 車 車 車 車

6. 둘러싼 것은 가장자리부터 쓴다.

同 同 同 同 同 同 同

7. 받침은 나중에 쓴다.

近 近 近 近 近 近 近 近

8. 가로를 긋고 삐친다.

左 左 左 左 左 左

9. 왼쪽 먼저 삐치고 오른쪽 삐친다.

父 父 父 父 父

제1장

ㄱ
으로 시작하는
사자성어
쓰기

각주구검 刻舟求劍

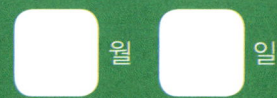

배에다 표시를 해 두고 잃어버린 칼을 찾으려 한다는 뜻으로, 융통성 없이 현실에 맞지 않는 낡은 생각을 고집하는 어리석음을 이르는 말.

- 요즘 같은 IT 시대에 손 편지를 강요하는 건 **각주구검**이 아닐까요?
- 남아선호 사상에 빠진 우리 할머니의 **각주구검**적 사고가 답답하기만 해요.

한자의 음과 뜻을 소리 내어 읽으며 한자를 바르게 써 보세요.

刻 새길 각

舟 배 주

求 구할 구

劍 칼 검

사자성어를 소리 내어 읽으며 바르고 예쁘게 써 보세요.

각	주	구	검
刻	舟	求	劍

간담상조 肝膽相照

월 일

서로 간과 쓸개를 꺼내 보인다는 뜻으로, 서로 속마음을 털어놓고 친하게 사귐을 이르는 말.

- **간담상조**하던 짝꿍이 전학을 가 너무 슬퍼요.
- 말썽꾸러기인 진구와 짱구는 **간담상조**하는 사이예요.

한자의 음과 뜻을 소리 내어 읽으며 한자를 바르게 써 보세요.

肝 간 **간**	ノ 刀 月 月 肝 肝 肝
膽 쓸개 **담**	ノ 刀 月 月 月' 月" 胪 朎 胪 胪 胪 膽 膽 膽 膽
相 서로 **상**	一 十 才 木 木 机 相 相 相
照 비출 **조**	1 冂 日 日' 日" 昭 昭 昭 昭 照 照

사자성어를 소리 내어 읽으며 바르고 예쁘게 써 보세요.

| 간 | 담 | 상 | 조 |
| 肝 | 膽 | 相 | 照 |

감언이설 甘言利說

월 일

남의 비위에 맞도록 달콤하게 꾸민 말, 혹은 귀가 솔깃하도록 이로운 조건을 내세우면서 살살 꾀는 말.

- 딱지를 준다는 형의 **감언이설**에 속아 심부름을 대신했어요.
- 내가 너의 **감언이설**에 속을 사람으로 보이니?

한자의 음과 뜻을 소리 내어 읽으며 한자를 바르게 써 보세요.

甘 달 감	一 十 卄 廿 甘
言 말씀 언	` 一 二 三 亖 言 言
利 이로울 리(이)	` 二 千 禾 禾 利 利
説 말씀 설	` 一 二 三 亖 言 言 言 訁 訁 訳 說 說

사자성어를 소리 내어 읽으며 바르고 예쁘게 써 보세요.

| 감 | 언 | 이 | 설 |
| 甘 | 言 | 利 | 説 |

개과천선 改過遷善

지난 허물을 고쳐 착한 사람이 된다는 뜻으로, 나쁜 일만 하던 사람이 잘못을 뉘우치고 올바르고 착하게 됨을 이르는 말.

- 선생님, 저 이제 **개과천선**하여 착한 어린이가 되겠습니다.
- 와, 너 진짜 **개과천선**했구나!

한자의 음과 뜻을 소리 내어 읽으며 한자를 바르게 써 보세요.

改 고칠 개

過 허물 과

遷 옮길 천

善 착할 선

사자성어를 소리 내어 읽으며 바르고 예쁘게 써 보세요.

개	과	천	선
改	過	遷	善

한자의 음과 뜻을 소리 내어 읽으며 한자를 바르게 써 보세요.

사자성어를 소리 내어 읽으며 바르고 예쁘게 써 보세요.

견물생심 見物生心

월   일

평소에는 그다지 갖고 싶지 않던 물건도 막상 보게 되면 갖고 싶은 욕심이 생긴다는 말.

- **견물생심**이라더니 인형을 보니 갖고 싶다!
- **견물생심**으로 연필을 두 자루나 샀어요.

한자의 음과 뜻을 소리 내어 읽으며 한자를 바르게 써 보세요.

見 볼 견	丨 冂 冂 冃 目 貝 見
物 만물 물	ノ ㇒ 十 牛 牜 牡 物 物
生 날 생	ノ ㇒ 二 牛 生
心 마음 심	ノ 心 心 心

사자성어를 소리 내어 읽으며 바르고 예쁘게 써 보세요.

견	물	생	심
見	物	生	心

결자해지 結者解之

일을 맺은 사람이 풀어야 한다는 뜻으로, 자기가 저지른 일이나 자기 때문에 생긴 일에 대해서는 자신이 직접 해결해야 한다는 말.

- 꽃병 깨뜨린 사람이 **결자해지**하도록 해!
- **결지해지**의 정신으로 이번 화장실 청소는 내가 할게!

한자의 음과 뜻을 소리 내어 읽으며 한자를 바르게 써 보세요.

結 맺을 결

者 사람 자

解 풀 해

之 어조사 지

사자성어를 소리 내어 읽으며 바르고 예쁘게 써 보세요.

결	자	해	지
結	者	解	之

결초보은 結草報恩

풀을 묶어서 은혜를 갚는다는 뜻으로, 죽어 혼령이 되어서도 잊지 않고 은혜를 갚는다는 말.

- 식량을 주셔서 감사합니다. 반드시 **결초보은**하겠습니다.
- 살려 주시면 꼭 **결초보은**하겠습니다.

한자의 음과 뜻을 소리 내어 읽으며 한자를 바르게 써 보세요.

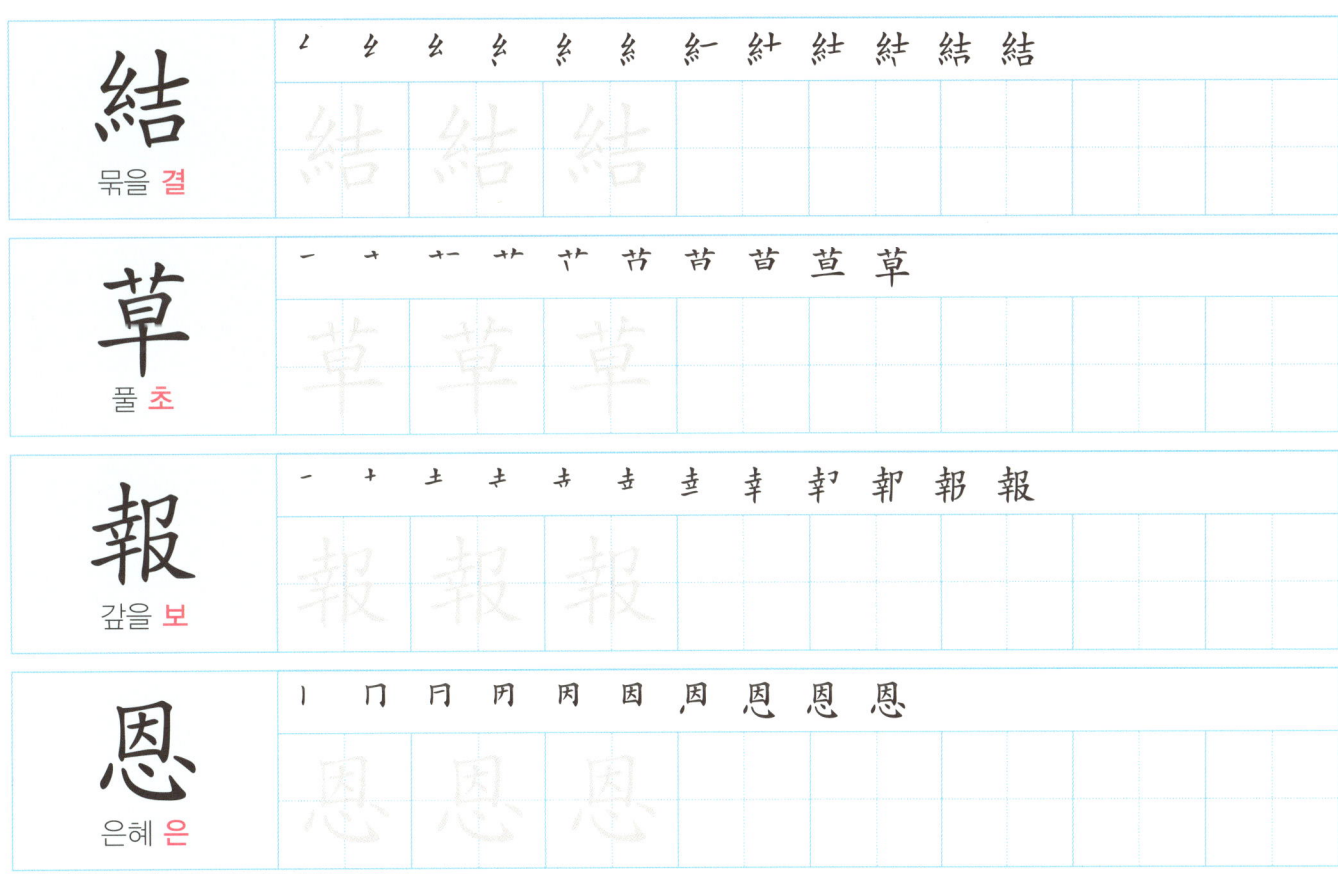

사자성어를 소리 내어 읽으며 바르고 예쁘게 써 보세요.

경거망동 輕舉妄動

 월 일

가볍고 망령되게 행동한다는 뜻으로, 경솔하여 생각 없이 망령되게 행동함을 이르는 말.

- 제가 **경거망동**하여 일을 망쳤습니다. 죄송합니다.
- **경거망동**하다 다칠 수 있으니 조심하렴.

한자의 음과 뜻을 소리 내어 읽으며 한자를 바르게 써 보세요.

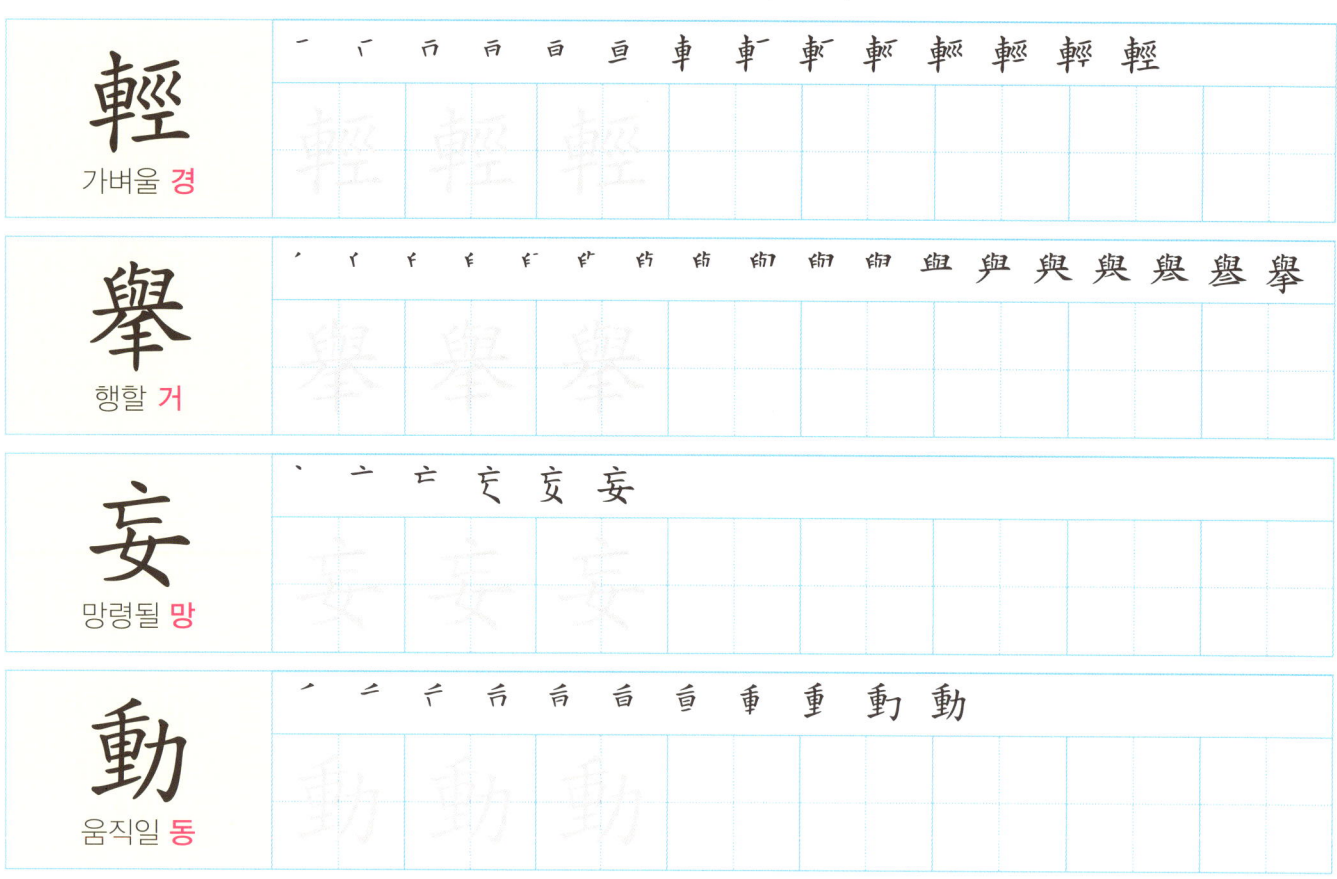

사자성어를 소리 내어 읽으며 바르고 예쁘게 써 보세요.

경국지색 傾國之色

 월 일

임금이 혹하여 나라가 기울어져도
모를 정도의 미인이라는 뜻으로,
뛰어나게 아름다운 여인을 이르는 말.

- 우리 고모의 미모는 **경국지색**이야!
- 양 귀비, 클레오파트라, 황진이는 모두 **경국지색**으로 유명해!

한자의 음과 뜻을 소리 내어 읽으며 한자를 바르게 써 보세요.

傾 기울 경	ノ 亻 亻 亻 亻 亻 伫 伫 傾 傾 傾 傾 傾

國 나라 국	丨 冂 冂 月 同 同 囻 國 國 國

之 어조사 지	丶 亠 ㇇ 之

色 빛 색	ノ ㇗ 刍 刍 台 色

사자성어를 소리 내어 읽으며 바르고 예쁘게 써 보세요.

경	국	지	색
傾	國	之	色

문제 꼼꼼! 실력 쑥쑥!

1. 우리말과 한자가 서로 맞게 선으로 연결해 주세요.

각주구검　·　　　　　　　·　見物生心

감언이설　·　　　　　　　·　結草報恩

견물생심　·　　　　　　　·　刻舟求劍

결초보은　·　　　　　　　·　甘言利說

2. 사자성어와 뜻이 서로 맞도록 연결해 주세요.

| 간담상조 | 건곤일척 | 개과천선 | 결자해지 |

자기 때문에 생긴 일은 자신이 직접 해결해야 한다.

속마음을 털어놓고 친하게 사귐.

잘못을 뉘우치고 올바르고 착하게 됨.

단판걸이로 승부를 겨룸.

3. 알맞은 사자성어를 보기에서 골라 ( ) 안에 써 넣으세요.

보기
경거망동   경국지색   감언이설   결초보은   각주구검

① 얘야, (   )하지 말고, 가만히 있어라.

② 저를 살려 주신다면 반드시 (   ) 하겠습니다.

③ 딱지를 준다는 형의 (   )에 속아 심부름을 대신했어요.

④ IT 시대에 손 편지를 고집하는 건 (   )이 아닐까요?

⑤ 뛰어나게 아름다운 여인을 (   )이라고 해요.

4. 어떤 사자성어의 한자입니다. 한자의 음과 뜻을 잘 보고, 빠진 획을 써 넣어 한자를 완성하세요.

① 結 艹 觧 之
  맺을 결 놈 자 풀 해 어조사 지

② 乞 申 一 擲
  하늘 건 땅 곤 한 일 던질 척

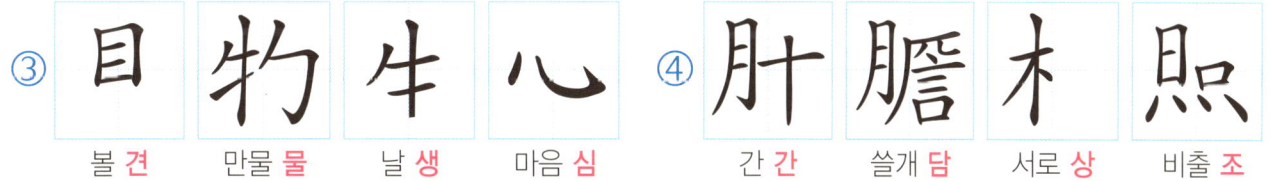

③ 目 牞 牛 心
  볼 견 만물 물 날 생 마음 심

④ 肝 膽 木 炤
  간 간 쓸개 담 서로 상 비출 조

한자의 음과 뜻을 소리 내어 읽으며 한자를 바르게 써 보세요.

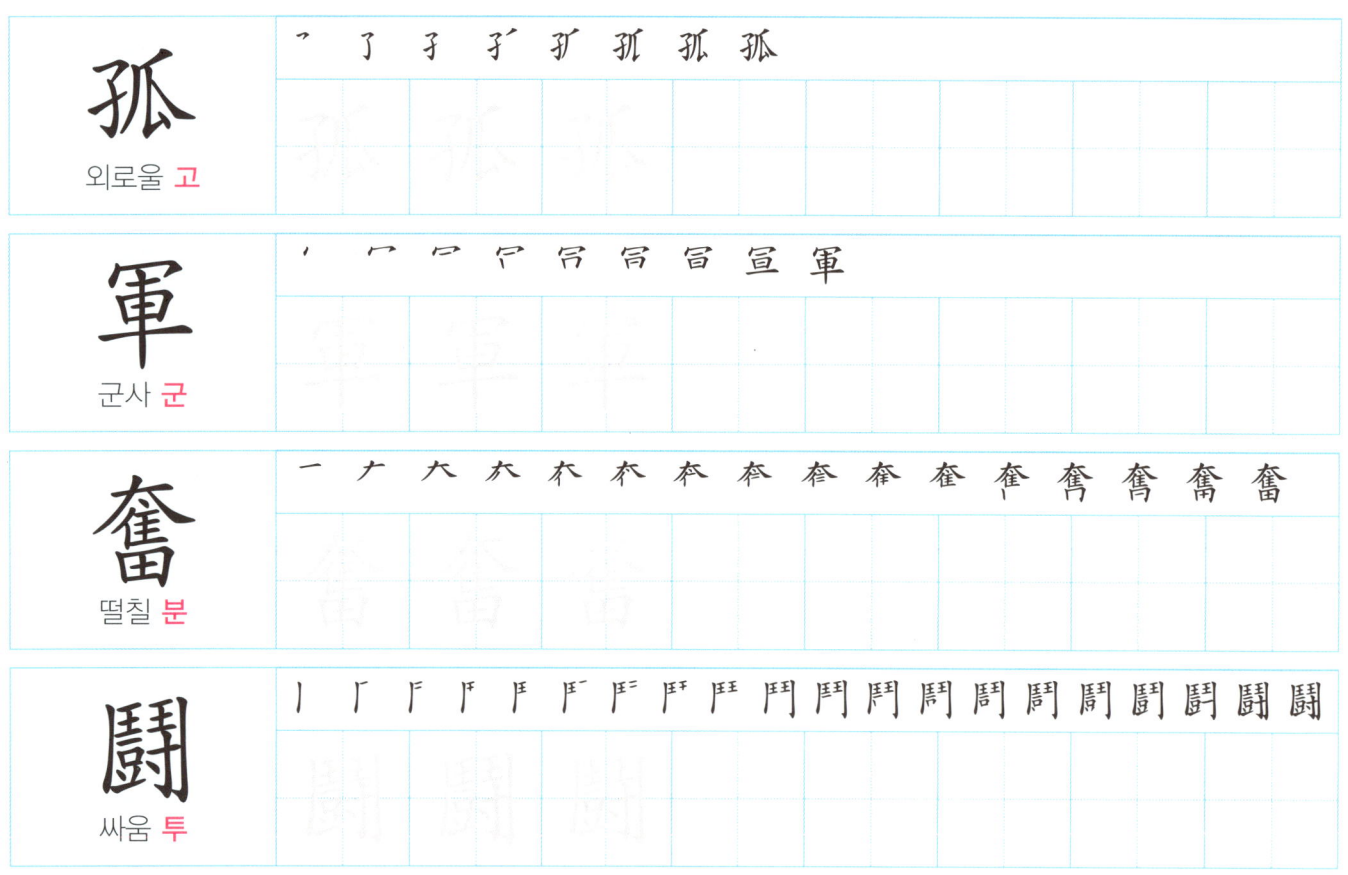

고복격양 鼓腹擊壤

배를 두드리고 땅을 치며 노래한다는 뜻으로, 태평성대를 이르는 말.

- 백성들이 **고복격양**가를 부르니 이 얼마나 즐거운가!
- 올해는 국민 모두가 **고복격양**의 해가 되었으면 좋겠어요.

한자의 음과 뜻을 소리 내어 읽으며 한자를 바르게 써 보세요.

鼓 두드릴 고	一 十 士 吉 吉 吉 吉 喜 壴 壴 鼓 鼓 鼓
腹 배 복	丿 亻 冂 月 月 月 胪 胪 胪 胪 胪 腹 腹
擊 칠 격	一 亻 亻 冂 亠 車 車 車 軎 軗 軗 軗 擊 擊 擊
壞 땅 양	一 十 土 圹 圹 圹 坼 垆 垆 垆 壇 壇 壇 壤 壤 壤

사자성어를 소리 내어 읽으며 바르고 예쁘게 써 보세요.

고	복	격	양
鼓	腹	擊	壤

고육지계 苦肉之計

자기 몸을 상해 가면서까지 꾸며 내는 계책이라는 뜻으로, 어려운 상태를 벗어나기 위해 어쩔 수 없이 꾸며 내는 계책을 이르는 말.

- 교육부는 **고육지계**로 온라인 수업을 하기로 했어요.
- 일본은 **고육지계**로 올림픽을 연기했어요.

한자의 음과 뜻을 소리 내어 읽으며 한자를 바르게 써 보세요.

| 苦 괴로울 고 |
| 肉 고기 육 |
| 之 어조사 지 |
| 計 꾀 계 |

사자성어를 소리 내어 읽으며 바르고 예쁘게 써 보세요.

| 고 | 육 | 지 | 계 |
| 苦 | 肉 | 之 | 計 |

관포지교 管鮑之交

관중과 포숙의 사귐이란 뜻으로,
서로 깊이 알아주는 돈독한 친구 사이를 이르는 말.

- 관중과 포숙이 **관포지교**의 주인공이란다.
- **관포지교**, 문경지교, 수어지교는 모두 친구와 관련된 고사성어야.

한자의 음과 뜻을 소리 내어 읽으며 한자를 바르게 써 보세요.

管 주관할 관	획순: 管
鮑 절인 생선 포	획순: 鮑
之 어조사 지	획순: 之
交 사귈 교	획순: 交

사자성어를 소리 내어 읽으며 바르고 예쁘게 써 보세요.

| 관 | 포 | 지 | 교 |
| 管 | 鮑 | 之 | 交 |

구밀복검 口蜜腹劍

월 일

입에는 꿀이 있고 배 속에는 칼이 있다는 뜻으로, 겉으로는 부드럽고 친절하게 대하지만, 속으로는 해칠 생각을 함을 이르는 말.

- 친하게 지내자고 해도 **구밀복검**일지 모르니 조심해!
- 북한이 우호적인 말을 하더라도 **구밀복검**인지 잘 살펴보세요.

한자의 음과 뜻을 소리 내어 읽으며 한자를 바르게 써 보세요.

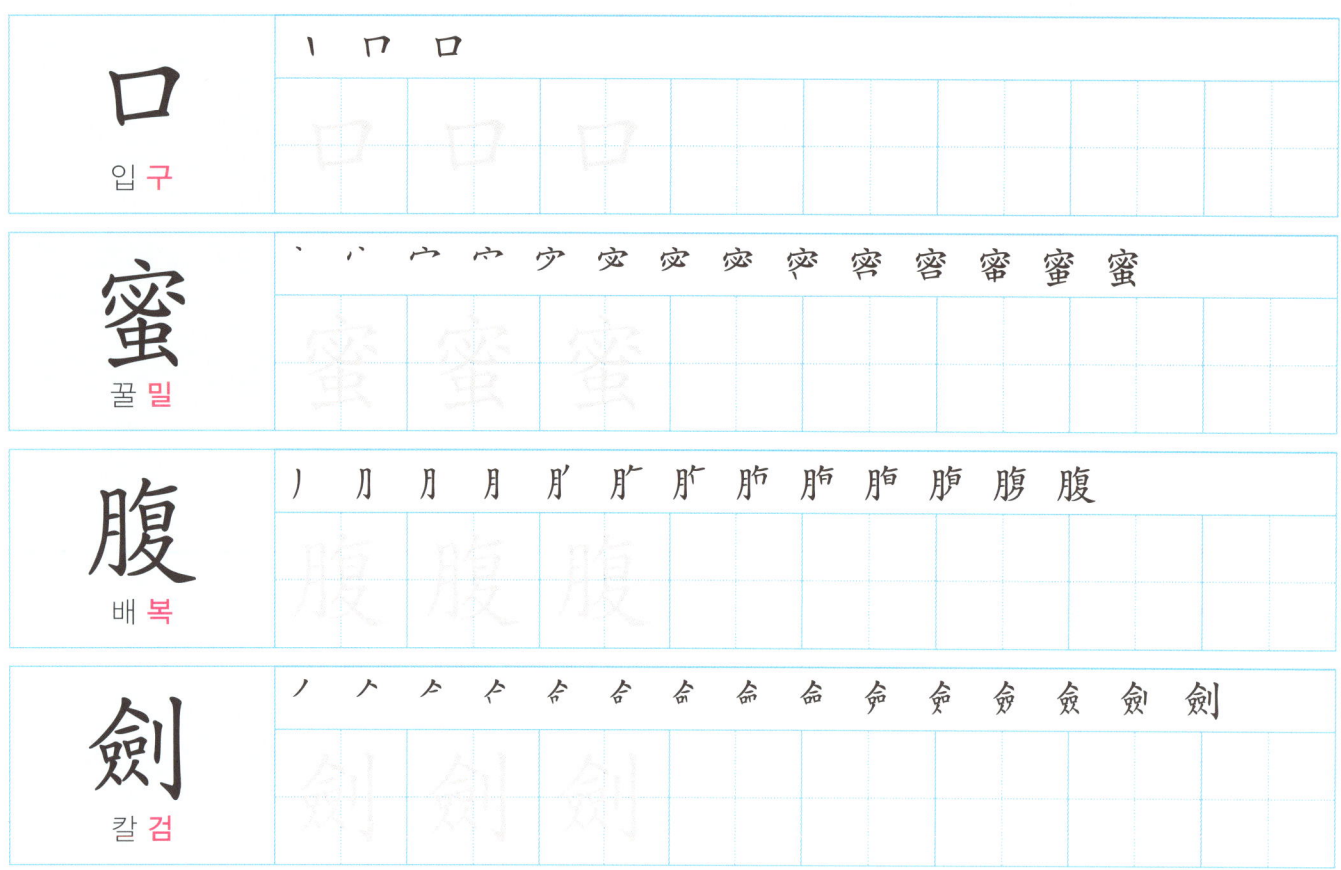

사자성어를 소리 내어 읽으며 바르고 예쁘게 써 보세요.

구상유취 口尚乳臭

입에서 아직 젖내가 난다는 뜻으로, 말과 행동이 유치함을 얕잡아 이르는 말.

- 푸하하하, 너 완전 **구상유취** 애송이구나?
- 이번 바둑 경기의 우승자가 **구상유취**의 어린애였어?

한자의 음과 뜻을 소리 내어 읽으며 한자를 바르게 써 보세요.

口 입 구	ㅣ 冂 口
尚 오히려 상	ㅣ ㅣ ㅛ ㅛ 肖 肖 尚 尚
乳 젖 유	´ ⌒ ♡ ⍉ 孚 孚 乳
臭 냄새 취	´ ⌒ 冂 甶 自 自 臰 臭 臭 臭

사자성어를 소리 내어 읽으며 바르고 예쁘게 써 보세요.

| 구 | 상 | 유 | 취 |
| 口 | 尚 | 乳 | 臭 |

군계일학 群鷄一鶴

닭의 무리 가운데에서 한 마리의 학이라는 뜻으로, 많은 사람 가운데서 뛰어난 사람을 이르는 말.

- 우리들 중에서 **군계일학**은 단연코 현빈이지!
- 여러 사람 속에서 내 동생의 외모가 **군계일학** 격으로 두드러졌어요.

> 우리 반에서 내가 제일 크고 공부도 잘해. 군계일학이라고나 할까? 후훗!

한자의 음과 뜻을 소리 내어 읽으며 한자를 바르게 써 보세요.

群 무리 군	
鷄 닭 계	
一 한 일	
鶴 학 학	

사자성어를 소리 내어 읽으며 바르고 예쁘게 써 보세요.

| 군 | 계 | 일 | 학 |
| 群 | 鷄 | 一 | 鶴 |

권모술수 權謀術數

어떤 목적을 이루기 위해서 수단과 방법을 가리지 않고 그때그때 형편에 따라 생각해 내는 온갖 모략이나 잔꾀를 이르는 말.

- 간신들은 출세를 위해 온갖 **권모술수**를 다 썼어요.
- 『삼국지』는 등장인물들의 **권모술수**가 흥미진진하게 펼쳐져요.

한자의 음과 뜻을 소리 내어 읽으며 한자를 바르게 써 보세요.

權 권세 권	一 十 十 木 木 术 栌 栌 栌 栌 栌 榨 椛 榷 榷 椛 椛 權 權 權
謀 꾀할 모	丶 二 三 声 言 言 言 計 詳 詳 詳 詳 詳 謀 謀
術 꾀 술	ノ 彳 彳 彳 术 朮 荒 術 術 術 術
數 셈 수	丨 口 日 日 目 串 婁 婁 婁 數 數 數 數

사자성어를 소리 내어 읽으며 바르고 예쁘게 써 보세요.

권	모	술	수
權	謀	術	數

권선징악 勸善懲惡

월 일

착한 행실은 권장하고 악한 행실은 징계한다는 말.

- 「콩쥐팥쥐」 「흥부전」 「장화홍련전」은 모두 **권선징악**을 주제로 한 이야기야.
- **권선징악**을 주제로 한 드라마와 영화가 많아요.

한자의 음과 뜻을 소리 내어 읽으며 한자를 바르게 써 보세요.

勸 권할 권

善 착할 선

懲 혼날 징

惡 악할 악

사자성어를 소리 내어 읽으며 바르고 예쁘게 써 보세요.

| 권 | 선 | 징 | 악 |
| 勸 | 善 | 懲 | 惡 |

금상첨화 錦上添花

 월 일

비단 위에 꽃을 더한다는 뜻으로,
좋은 일에 또 좋은 일이 더해질 때 쓰는 말.

- 마음씨도 착한데 공부까지 잘해서 **금상첨화**로구나!
- 기타 연주가 수준급인데 노래까지 잘하니 가수로서는 **금상첨화**네요.

한자의 음과 뜻을 소리 내어 읽으며 한자를 바르게 써 보세요.

錦 비단 금

上 위 상

添 더할 첨

花 꽃 화

사사성어를 소리 내어 읽으며 바르고 예쁘게 써 보세요.

| 금 | 상 | 첨 | 화 |
| 錦 | 上 | 添 | 花 |

문제 꼼꼼! 실력 쑥쑥!

1. 고사성어 풀이를 잘 보고 □ 안에 알맞은 고사성어를 우리말로 써 보세요.

- 착한 행실은 권장하고 악한 행실은 징계한다는 말.
- 「콩쥐팥쥐」「흥부전」은 모두 (   )을 주제로 한 이야기야.

2. 사자성어와 뜻이 서로 맞도록 연결해 주세요.

| 말과 행동이 유치함을 얕잡아 이르는 말. | 형편에 따라 생각해 내는 온갖 모략이나 잔꾀. | 서로 깊이 알아주는 돈독한 친구 사이를 이르는 말. | 남의 도움 없이 힘든 일을 해낸다는 말. |

3. 알맞은 사자성어를 보기 에서 골라 ( ) 안에 써 넣으세요.

보기
군계일학   금상첨화   고육지계   고복격양

① 등교를 할 수 없게 되자 교육부는 (   )로 온라인 수업을 결정했어요.

② 마음씨도 착한데 공부까지 잘해서 (   )로구나!

③ 올해는 국민 모두가 (   )의 해가 되었으면 좋겠어요.

④ 여러 사람 속에서 내 동생의 외모가 (   )이네요.

4. 초성을 보고 알맞은 사자성어를 보기 에서 골라 퍼즐을 완성하세요.

보기
고군분투   고육지계   고복격양   구상유취   구밀복검   관포지교

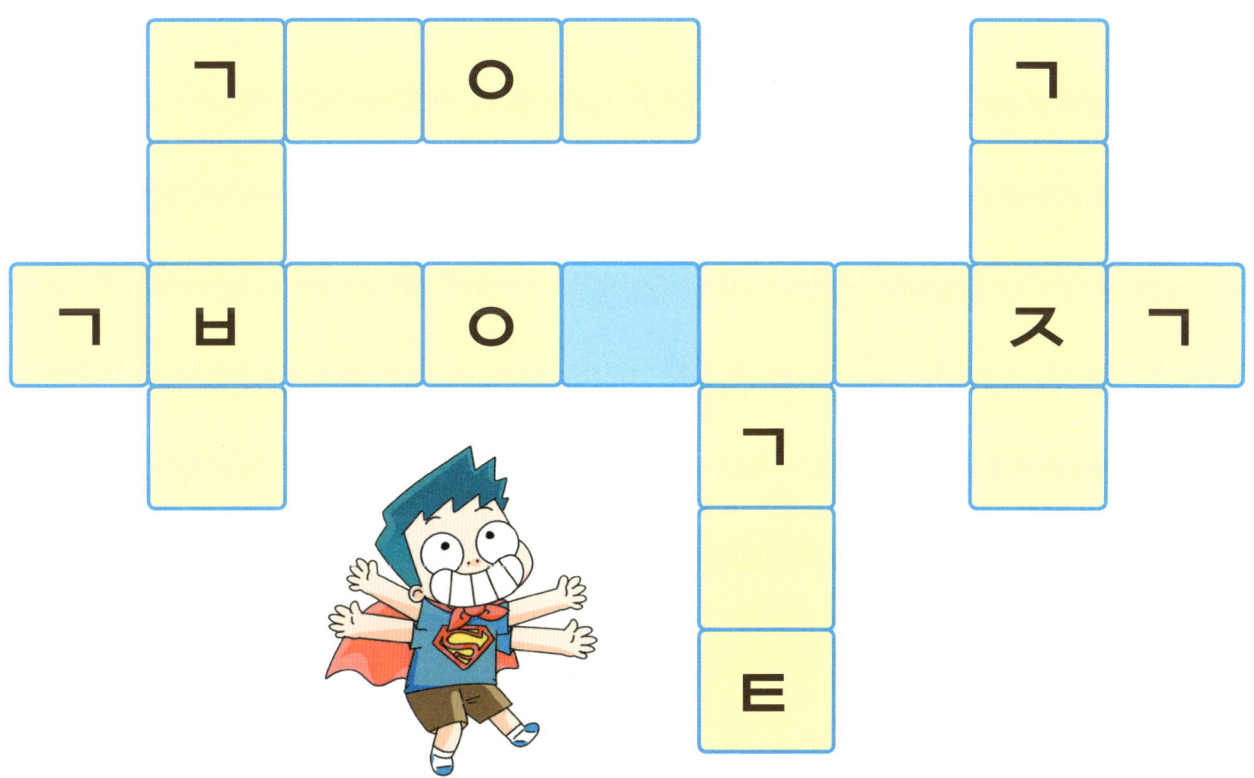

재밌는 유래 한마당

구우일모 九牛一毛
아홉 **구**   소 **우**   한 **일**   털 **모**

소 아홉 마리에서 뽑은 털 한 개라는 뜻으로, 헤아릴 수 없이 많은 것들 중에 아주 적은 것이나 하찮은 것을 이르는 말.

어느 날, 중국 북쪽에 있는 흉노족이 한나라를 쳐들어왔습니다.

한나라 무제는 이능을 불러 말했습니다.

"5천의 군사를 이끌고 나가 흉노족을 무찌르시오."

이능은 5천의 군사를 이끌고 전쟁터로 나갔습니다. 그런데 흉노족의 주력 부대는 3만 명이나 되는 기병 부대였습니다. 이능은 8일 만에 패하고, 흉노족의 포로가 되었습니다. 흉노족은 포로인 이능을 극진히 대접했습니다.

이 소식을 들은 무제는 화가 나 이능의 가족을 모두 죽이라고 했습니다.

그때 사관인 사마천이 말했습니다.

"폐하, 이능은 비록 패하긴 했으나 최선을 다해 싸웠습니다. 포로가 되었지만, 승리의 날을 기약하며 칼을 갈고 있을 겁니다. 그러니 가족을 죽이라는 명은 거두어 주소서."

"뭐라고? 저놈도 이능과 똑같은 반역자로구나. 당장 옥에 가두어라!"

무제는 사마천을 옥에 가두고 생식기를 없애는 중벌을 내렸습니다.

사마천은 감옥에서 한탄했습니다.

"내가 여기서 죽는다 해도 세상 사람들에게는 구우일모(九牛一毛)일 뿐이로다."

사마천은 2년 뒤 풀려났습니다. 그러고는 16년에 걸쳐 중국 역사서인 『사기』를 써 완성하였습니다.

제2장

ㄴㄷㅁㅂ
으로 시작하는
사자성어
쓰기

난형난제 難兄難弟

월   일

누가 형인지 동생인지 분간하기 어렵다는 뜻으로, 두 사물이 비슷하여 낫고 못함을 정하기 어려움을 이르는 말.

- 미나와 준호의 실력이 **난형난제**라 누가 1등을 할지 모르겠어!
- 우리 집 쌍둥이의 노래 실력은 그야말로 **난형난제**야.

한자의 음과 뜻을 소리 내어 읽으며 한자를 바르게 써 보세요.

難 어려울 난	一 十 艹 艹 芇 苩 苩 莒 堇 蓳 蓳 蕇 蕇 蕇 蕇 蕇 難 難
兄 형 형	丶 口 口 尸 兄
難 어려울 난	一 十 艹 艹 芇 苩 苩 莒 堇 蓳 蓳 蕇 蕇 蕇 蕇 蕇 難 難
弟 아우 제	丶 丶 丷 当 肖 弟 弟

사자성어를 소리 내어 읽으며 바르고 예쁘게 써 보세요.

| 난 | 형 | 난 | 제 |
| 難 | 兄 | 難 | 弟 |

남가일몽 南柯一夢

남쪽으로 뻗은 나뭇가지 밑에서 꾼 꿈이란 뜻으로, 꿈처럼 덧없는 한때의 부귀영화를 이르는 말.

- 예전에는 인기 스타였는데…. 에휴, 모든 것이 남가일몽이야.
- 게임기 선물 받을 생각에 들떠 있었는데, 완전 남가일몽이 되었어.

한자의 음과 뜻을 소리 내어 읽으며 한자를 바르게 써 보세요.

南 남녘 남	一 十 广 内 内 肉 南 南 南
柯 가지 가	一 十 † 才 村 村 柯 柯 柯
一 한 일	一
夢 꿈 몽	一 十 艹 艹 芍 苩 苩 苩 苗 夢 夢 夢

사자성어를 소리 내어 읽으며 바르고 예쁘게 써 보세요.

| 남 | 가 | 일 | 몽 |
| 南 | 柯 | 一 | 夢 |

남귤북지 南橘北枳

월 일

강남의 귤나무를 강북에 옮겨 심으면 탱자 나무로 변한다는 뜻으로, 사람은 처한 상황에 따라 착하게도 되고 악하게도 된다는 말.

- **남귤북지**라더니, 친구들을 괴롭히던 민호가 성당 옆으로 이사를 가더니 착해졌어요.
- 각박한 도시를 떠나 자연에 파묻혀 살다 보니 성격도 순해져, **남귤북지**가 절로 떠오른다.

한자의 음과 뜻을 소리 내어 읽으며 한자를 바르게 써 보세요.

南 남녘 남	一 十 ナ 内 内 内 南 南 南
橘 귤 귤	一 十 寸 木 村 朽 朽 栌 栌 栌 橘 橘 橘 橘 橘 橘
北 북녘 북	丨 ㅓ ㅋ 냐 北
枳 탱자 지	一 十 寸 木 朽 朽 枳 枳 枳

사자성어를 소리 내어 읽으며 바르고 예쁘게 써 보세요.

남	귤	북	지
南	橘	北	枳

낭중지추 囊中之錐

주머니 속의 송곳이라는 뜻으로, 재능이 뛰어난 사람은 아무리 숨어 있어도 저절로 사람들에게 알려짐을 이르는 말.

- 선생님은 우리 반의 **낭중지추** 미나를 한눈에 알아보셨어요.
- 아무리 숨기려 해도 **낭중지추**는 숨길 수 없어요.

한자의 음과 뜻을 소리 내어 읽으며 한자를 바르게 써 보세요.

| 囊 주머니 낭 |
| 中 가운데 중 |
| 之 어조사 지 |
| 錐 송곳 추 |

사자성어를 소리 내어 읽으며 바르고 예쁘게 써 보세요.

| 낭 | 중 | 지 | 추 |
| 囊 | 中 | 之 | 錐 |

다기망양 多岐亡羊

갈림길이 많아서 잃어버린 양을 찾지 못한다는 뜻으로, 학문을 할 때 한 가지에 집중해야지 여러 방면에 관심을 가지고 쫓아다니면 아무것도 이룰 수 없다는 말.

- 여러 가지 학문에 관심이 많은 삼촌은 **다기망양**의 처지에 놓여 있어요.
- 노래, 춤, 연기, 공부까지 최고가 되겠다고? 그러다 **다기망양**의 우를 범할까 염려된다!

한자의 음과 뜻을 소리 내어 읽으며 한자를 바르게 써 보세요.

多 많을 다 — ノ ク 夕 多 多 多

岐 갈림길 기 — 丨 山 山 山 屵 岐 岐

亡 잃을 망 — 丶 亠 亡

羊 양 양 — 丶 ⺍ 冫 屶 兰 羊

사자성어를 소리 내어 읽으며 바르고 예쁘게 써 보세요.

다	기	망	양
多	岐	亡	羊

다다익선 多多益善

한나라의 장수 한신이 병사의 수가 많으면 많을수록 더 잘 지휘할 수 있다고 한 데서 나온 말로, 많으면 많을수록 더욱 좋다는 말.

- **다다익선**이라고, 사탕을 더 주시면 저야 좋지요!
- 공짜로 준다고? 오호, **다다익선**이니 더 받아야지!

한자의 음과 뜻을 소리 내어 읽으며 한자를 바르게 써 보세요.

多 많을 다	ノ ク タ タ 多 多
多 많을 다	ノ ク タ タ 多 多
益 더할 익	` ゛ ゛ ┴ ┴ ⺷ ⺷ 竻 益 益
善 좋을 선	` ゛ ゛ ┴ ┴ 兰 羊 盖 盖 善 善 善

사자성어를 소리 내어 읽으며 바르고 예쁘게 써 보세요.

대기만성 大器晩成

 월 일

큰 그릇은 만드는 데 오랜 시간이 걸린다는 뜻으로, 크게 될 사람은 늦게 이루어진다는 말.

- 삼촌은 **대기만성**형이야. 분명 좋은 곳에 취직할 테니 걱정 마.
- 너는 분명히 **대기만성**할 거야. 꿈을 포기하지 말고 노력하렴!

한자의 음과 뜻을 소리 내어 읽으며 한자를 바르게 써 보세요.

大 큰 대	一 ナ 大
器 그릇 기	丶 口 口 口 吅 吅 哭 哭 哭 哭 哭 器 器
晩 늦을 만	丨 冂 日 日 日' 旷 旷 昤 晗 晩
成 이룰 성	) 厂 厅 成 成 成

사자성어를 소리 내어 읽으며 바르고 예쁘게 써 보세요.

| 대 | 기 | 만 | 성 | | | | | |
| 大 | 器 | 晩 | 成 | | | | | |

동문서답 東問西答

동쪽이 어디냐고 물었는데 서쪽을 가르쳐 준다는 뜻으로, 묻는 말에 전혀 상관없는 엉뚱한 대답을 하는 경우를 이르는 말.

- 넌 왜 자꾸 내가 묻는 말에 **동문서답**하니?
- 엄마 말에 **동문서답**하지 말고 똑바로 말해!

한자의 음과 뜻을 소리 내어 읽으며 한자를 바르게 써 보세요.

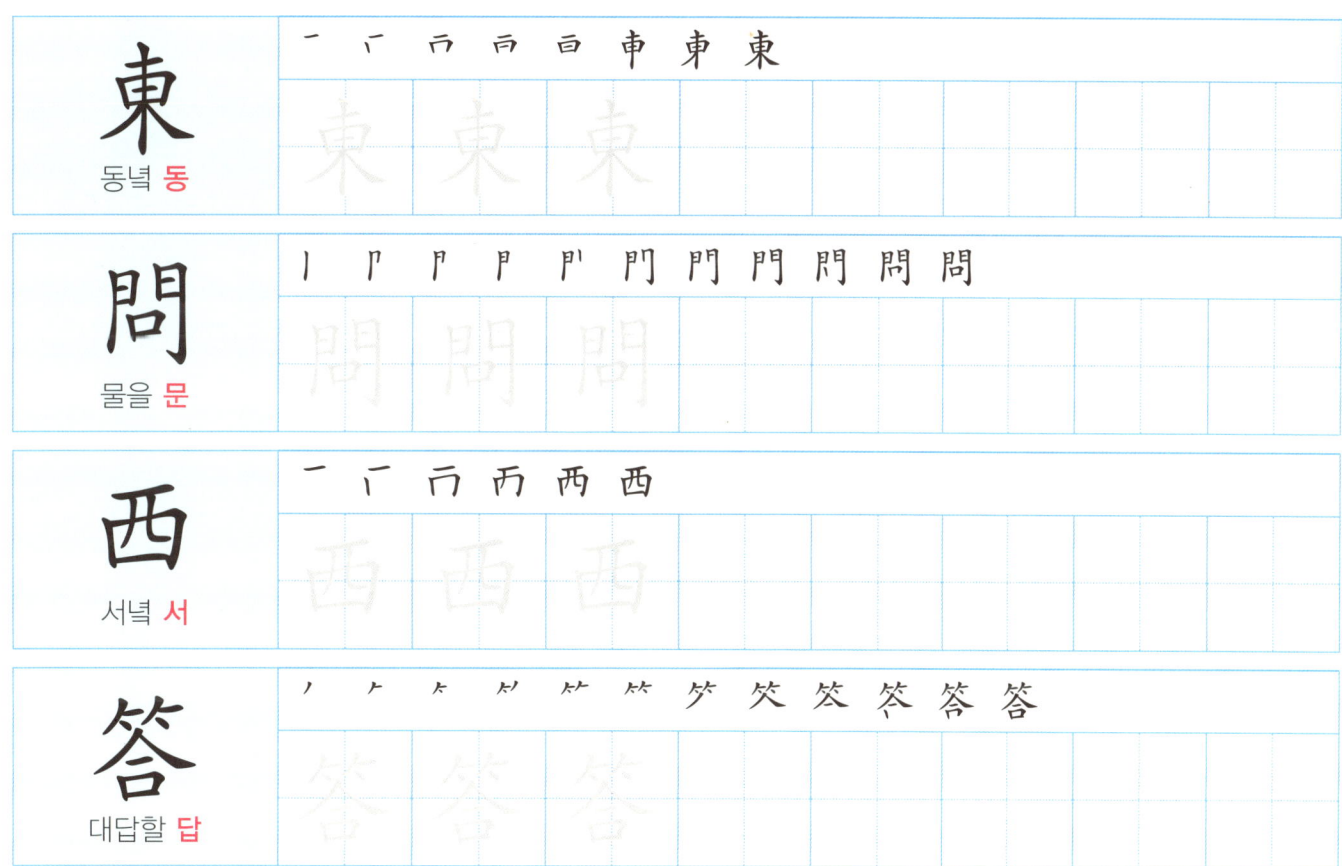

사자성어를 소리 내어 읽으며 바르고 예쁘게 써 보세요.

동병상련 同病相憐

 월 일

같은 병을 앓는 사람끼리 서로 불쌍히 여긴다는 뜻으로, 어려운 처지에 있는 사람끼리 서로 가엾게 여김을 이르는 말.

- 홍수로 집을 잃은 이재민들은 서로 **동병상련**의 아픔을 나누었어요.
- **동병상련**이라고, 어려운 처지를 당해 봐야 남을 생각할 줄 알게 된단다.

한자의 음과 뜻을 소리 내어 읽으며 한자를 바르게 써 보세요.

同 한 가지 동	丨 冂 冂 冃 同 同
病 병 병	丶 亠 广 疒 疒 疒 病 病 病 病
相 서로 상	一 十 才 木 机 相 相 相 相
憐 불쌍히 여길 련	' ' 忄 忄 忄 忄 忄 忄 忄 憐 憐 憐 憐 憐

사자성어를 소리 내어 읽으며 바르고 예쁘게 써 보세요.

| 동 | 병 | 상 | 련 |
| 同 | 病 | 相 | 憐 |

마이동풍 馬耳東風

동풍이 말의 귀를 스쳐 간다는 뜻으로, 남의 말을 귀담아듣지 아니하고 지나쳐 흘려버림을 의미하는 말.

- 아무리 말해도 **마이동풍**이네? 게임 좀 그만하라니까!
- 넌 아무리 얘기해도 귀담아 듣지를 않는구나. 완전 **마이동풍**이야!

한자의 음과 뜻을 소리 내어 읽으며 한자를 바르게 써 보세요.

馬 말 마	馬馬馬馬馬馬
耳 귀 이	耳耳耳耳耳耳
東 동녘 동	東東東東東東東東
風 바람 풍	風風風風風風風風風

사자성어를 소리 내어 읽으며 바르고 예쁘게 써 보세요.

| 마 | 이 | 동 | 풍 |
| 馬 | 耳 | 東 | 風 |

1. 우리말과 한자가 서로 맞게 선으로 연결해 주세요.

다기망양 •   • 多多益善

남귤북지 •   • 南橘北枳

다다익선 •   • 難兄難弟

난형난제 •   • 多岐亡羊

2. 사자성어와 뜻이 서로 맞도록 연결해 주세요.

| 남가일몽 | 대기만성 | 동병상련 | 낭중지추 |

꿈처럼 덧없는 한때의 부귀영화를 이르는 말.

어려운 처지에 있는 사람끼리 서로 가엾게 여김을 이르는 말.

재능이 뛰어난 사람은 아무리 숨어 있어도 알려진다는 말.

크게 될 사람은 늦게 이루어진다는 말.

3. 알맞은 사자성어를 보기에서 골라 (   ) 안에 써 넣으세요.

보기

대기만성   마이동풍   낭중지추   남가일몽   다다익선

① 예전에는 인기 스타였는데…. 어휴, 모든 것이 (   )이야.

② 너는 분명히 (   )할 거니까 꿈을 포기하지 말고 노력하렴!

③ 공짜로 주는 거면 (   )이니, 더 받아야지!

④ 아무리 얘기해도 귀담아 듣지를 않는구나. 완전 (   )이야!

⑤ 선생님은 우리 반의 (   ) 미나를 한눈에 알아보셨어요.

4. 어떤 사자성어의 한자입니다. 한자의 음과 뜻을 잘 보고, 빠진 획을 써 넣어 한자를 완성하세요.

맹모삼천 孟母三遷

맹자의 어머니가 맹자의 교육을 위해
세 번이나 이사했다는 뜻으로, 인간의 성장에 있어서
그 환경이 중요함을 가리키는 말.

- 아들아, **맹모삼천**의 정신을 따라 학교 옆으로 이사를 갈 거야.
- **맹모삼천**은 자식을 키우는 부모들이 실천해야 할 덕목입니다.

한자의 음과 뜻을 소리 내어 읽으며 한자를 바르게 써 보세요.

孟 맏 맹	了 了 子 子 孟 孟 孟 孟
母 어미 모	ㄴ ㄱ ㅁ 母 母
三 석 삼	一 二 三
遷 옮길 천	一 ㄲ 襾 襾 襾 襾 罨 罨 罨 署 署 遷 遷 遷

사자성어를 소리 내어 읽으며 바르고 예쁘게 써 보세요.

| 맹 | 모 | 삼 | 천 |
| 孟 | 母 | 三 | 遷 |

맹인모상 盲人摸象

장님이 코끼리를 만진다는 뜻으로, 일부분을 알면서 전체를 아는 것처럼 여기는 어리석음을 이르는 말.

- 무슨 일이든 **맹인모상**의 우를 범하지 않도록 조심하렴.
- 일부밖에 모르면서 다 아는 것처럼 우기다니, 너 진짜 **맹인모상**이다.

한자의 음과 뜻을 소리 내어 읽으며 한자를 바르게 써 보세요.

盲 장님 맹	丶 亠 亡 产 育 育 育 盲
人 사람 인	丿 人
摸 만질 모	一 十 扌 扌 扌 扌 扌 扩 拧 措 措 措 摸 摸
象 코끼리 상	丶 ク ク 쿠 숙 乌 乌 乡 乡 象 象

사자성어를 소리 내어 읽으며 바르고 예쁘게 써 보세요.

| 맹 | 인 | 모 | 상 |
| 盲 | 人 | 摸 | 象 |

무릉도원 武陵桃源

사람들이 화목하고 행복하게 살 수 있는 이상향으로, 세상에 없는 별천지를 가리키는 말.

- 와, 여기 경치 끝내준다. **무릉도원**이 따로 없어!
- 조용한 시골 동네는 마치 **무릉도원**처럼 나에게 강한 인상을 주었어요.

한자의 음과 뜻을 소리 내어 읽으며 한자를 바르게 써 보세요.

武 무인 무	一 二 千 壬 壬 武 武
陵 언덕 릉	了 阝 阝 阝 阼 阹 陟 陟 陵 陵
桃 복숭아 도	一 十 才 木 木 朴 桃 桃 桃
源 근원 원	丶 氵 氵 沪 沪 沥 沥 沥 源 源 源

사자성어를 소리 내어 읽으며 바르고 예쁘게 써 보세요.

| 무 | 릉 | 도 | 원 |
| 武 | 陵 | 桃 | 源 |

문경지교 刎頸之交

 월 일

서로를 위해서라면 목이 잘린다 해도 후회하지 않을 정도의 사이라는 뜻으로, 생사를 같이할 수 있는 아주 가까운 사이, 또는 그런 친구를 이르는 말.

- 아영이와 나는 **문경지교** 사이야.
- **문경지교**와 비슷한 뜻의 고사성어로 관포지교가 있어.

한자의 음과 뜻을 소리 내어 읽으며 한자를 바르게 써 보세요.

刎 목 벨 문	′ ク ク 勿 勿 刎
頸 목 경	ー г г 兀 巠 巠 巠 巠 頸 頸 頸 頸 頸 頸
之 어조사 지	﹑ 亠 ラ 之
交 사귈 교	﹑ 亠 广 六 亣 交

사자성어를 소리 내어 읽으며 바르고 예쁘게 써 보세요.

| 문 | 경 | 지 | 교 |
| 刎 | 頸 | 之 | 交 |

문전성시 門前成市

대문 앞이 시장을 이룬다는 뜻으로, 권력자나 부잣집 문 앞에 방문객이 많이 모여들어 시장이 선 것처럼 붐빈다는 말.

- 새로 문을 연 피자 가게는 손님들로 **문전성시**를 이루었어요.
- 피자 가게는 **문전성시**를 이루는데, 그 옆 떡집은 파리만 날렸어요.

한자의 음과 뜻을 소리 내어 읽으며 한자를 바르게 써 보세요.

門 문 문
｜ ｜ ｜ ｜ ｜ 門 門 門

前 앞 전
丶 丷 亠 产 产 肯 肯 前 前

成 이룰 성
丿 厂 厅 成 成 成

市 시장 시
丶 亠 冖 市 市

사자성어를 소리 내어 읽으며 바르고 예쁘게 써 보세요.

문	전	성	시
門	前	成	市

박장대소 拍掌大笑

손뼉을 치며 크게 웃는 웃음을 뜻하는 말. 얼굴 표정이 일그러질 정도로 크게 웃는 웃음은 파안대소(破顔大笑)라고 함.

- 엄마는 내 이야기를 듣고 박장대소를 하셨어요.
- 만화책을 보던 동생은 갑자기 박장대소를 하였어요.

한자의 음과 뜻을 소리 내어 읽으며 한자를 바르게 써 보세요.

拍 칠 박	一 亻 扌 扌 扩 拍 拍 拍
掌 손바닥 장	⸍ ⸌ ⸗ ⺍ 冶 当 肖 尚 쓴 堂 堂 掌
大 큰 대	一 ナ 大
笑 웃을 소	⸍ ⸌ ⸗ ⺮ 竹 竺 竺 竺 竿 笑

사자성어를 소리 내어 읽으며 바르고 예쁘게 써 보세요.

| 박 | 장 | 대 | 소 |
| 拍 | 掌 | 大 | 笑 |

배수지진 背水之陣

 월 일

더 이상 물러설 곳이 없도록 강이나 바다를 등지고 진을 친다는 뜻으로, 목숨을 걸고 온 힘을 다하여 싸움에 임한다는 말.

- 조나라 군사가 몰려오자 한나라는 **배수지진**을 쳐서 싸움에 승리하였어요.
- **배수지진**의 각오로 경기에 임하면 반드시 승리할 것입니다.

한자의 음과 뜻을 소리 내어 읽으며 한자를 바르게 써 보세요.

背 등 배	丿 扌 圡 尹 北 北 背 背 背
水 물 수	丿 刁 水 水
之 어조사 지	丶 亠 ㇏ 之
陣 진지 진	丿 ㇌ 阝 阝 阡 阡 阡 陌 陣

사자성어를 소리 내어 읽으며 바르고 예쁘게 써 보세요.

| 배 | 수 | 지 | 진 |
| 背 | 水 | 之 | 陣 |

백발백중 百發百中

백 번 쏘아 백 번 맞힌다는 뜻으로, 화살을 쏘아 모두 명중시키는 것, 또는 계획이나 예상 등이 모두 들어맞는 것을 이르는 말.

- 고구려의 주몽은 어찌나 활을 잘 쏘는지 모두 **백발백중**이었대!
- 내 예상은 한 번도 빗나간 적이 없어. 언제나 **백발백중**이라니까!

한자의 음과 뜻을 소리 내어 읽으며 한자를 바르게 써 보세요.

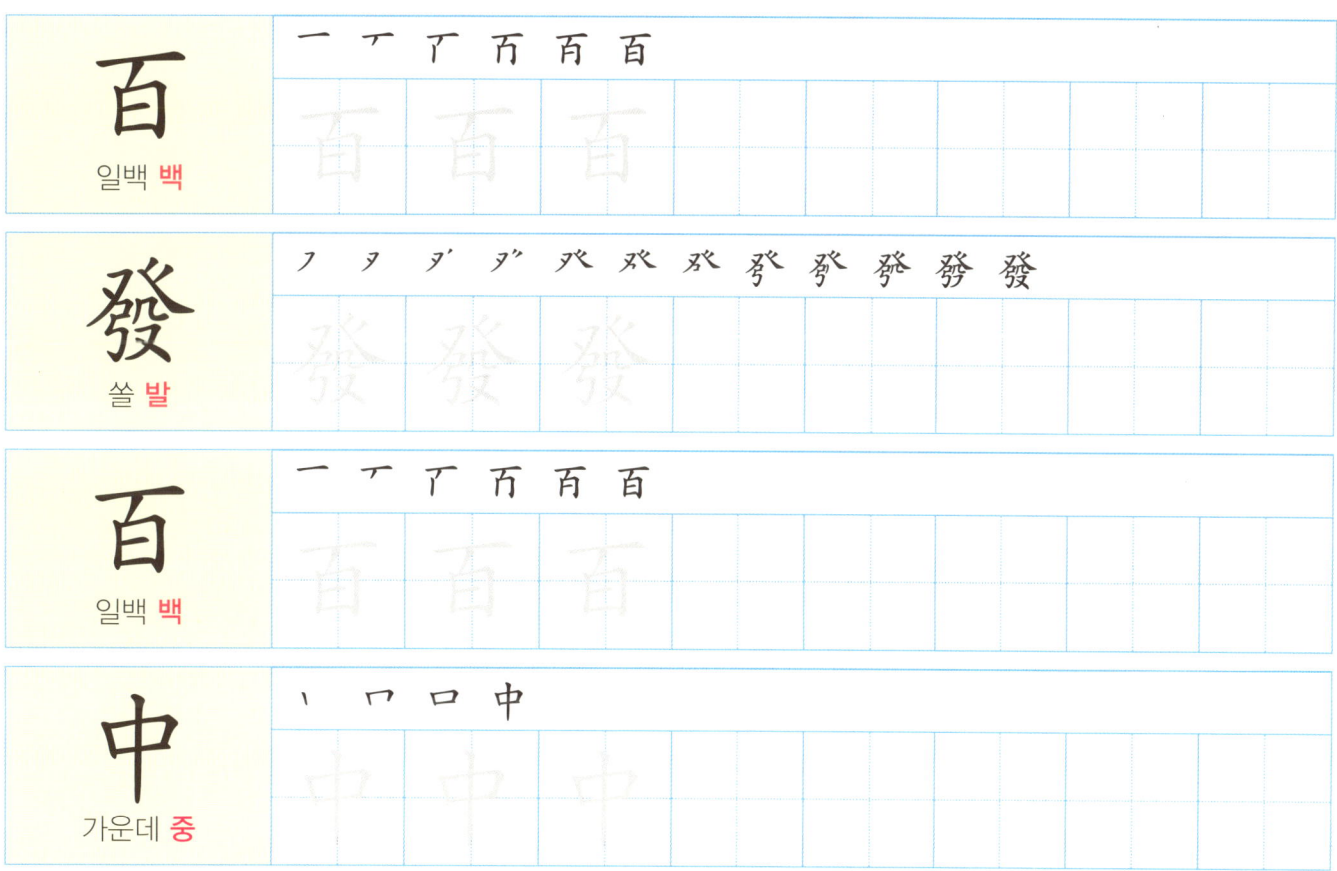

사자성어를 소리 내어 읽으며 바르고 예쁘게 써 보세요.

백아절현 伯牙絶絃

 월 일

백아가 자기 거문고 소리를 알아듣는 친구가 죽은 것을 슬퍼하여 거문고 줄을 끊었다는 뜻으로, 자기를 알아주는 참다운 벗의 죽음을 슬퍼한다는 말.

- 단짝 친구가 전학을 간다고 하니, **백아절현**의 심정이야.
- **백아절현**은 진실한 우정을 생각하게 하는 고사성어야.

한자의 음과 뜻을 소리 내어 읽으며 한자를 바르게 써 보세요.

伯 맏이 백

牙 어금니 아

絶 끊을 절

絃 악기 줄 현

사자성어를 소리 내어 읽으며 바르고 예쁘게 써 보세요.

| 백 | 아 | 절 | 현 |
| 伯 | 牙 | 絶 | 絃 |

비육지탄 髀肉之嘆

월   일

넓적다리에 살이 찐 것을 한탄한다는 뜻으로, 자신의 능력을 제대로 발휘하지 못하고 세월만 보내는 것을 한탄함을 이르는 말.

- 예비 선수라고 **비육지탄** 하지 말고 더욱더 연습을 하도록 해!
- **비육지탄**에 빠져 있지 말고 실력을 쌓으며 기회를 노려 보자!

한자의 음과 뜻을 소리 내어 읽으며 한자를 바르게 써 보세요.

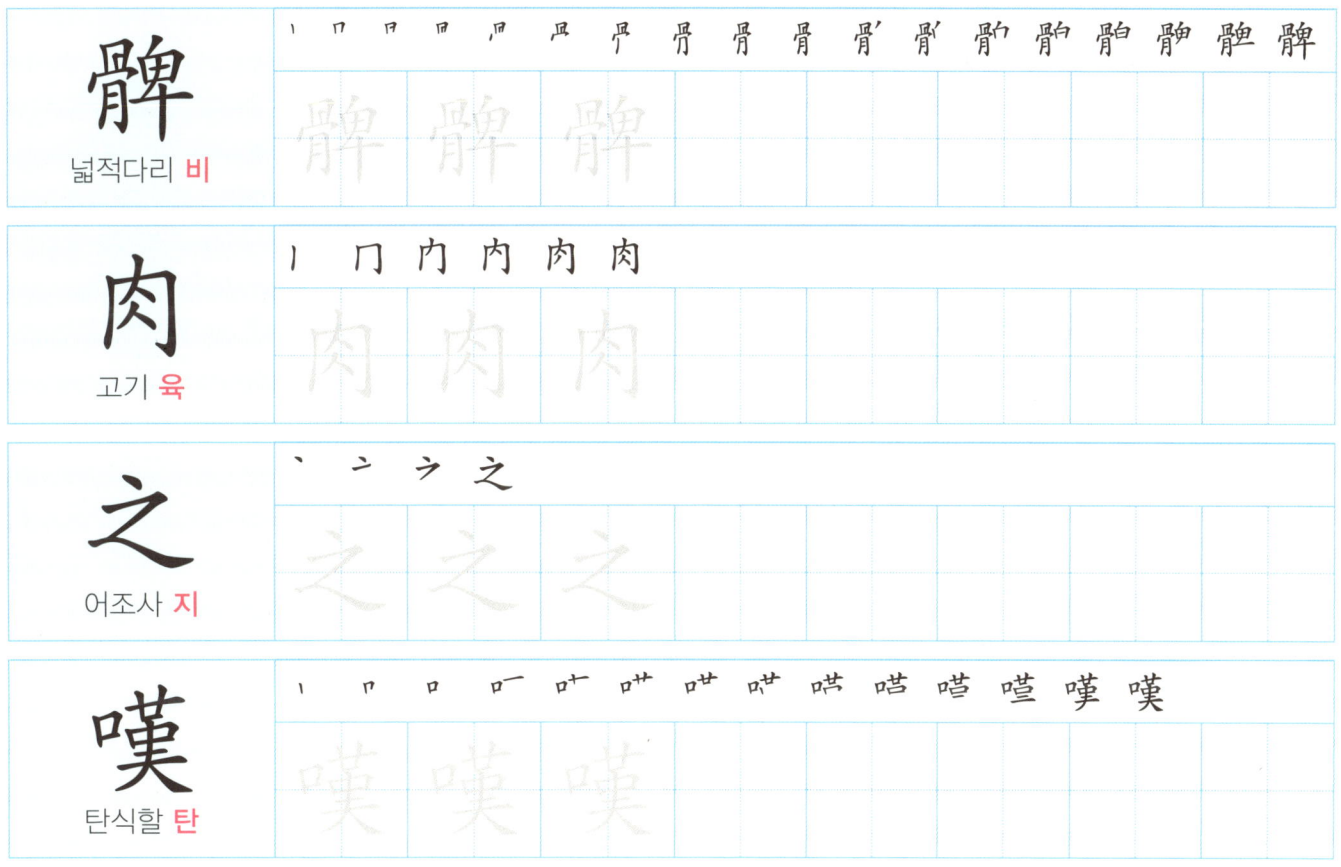

髀 넓적다리 비

肉 고기 육

之 어조사 지

嘆 탄식할 탄

사자성어를 소리 내어 읽으며 바르고 예쁘게 써 보세요.

비	육	지	탄
髀	肉	之	嘆

문제 꼼꼼! 실력 쑥쑥!

1. 고사성어 풀이를 잘 보고 □ 안에 알맞은 고사성어를 우리말로 써 보세요.

- 일부분을 알면서 전체를 아는 것처럼 여기는 어리석음을 이르는 말.
- 일부밖에 모르면서 다 아는 것처럼 우기다니, 너 진짜 (   )이다.

□ □ □ □

2. 사자성어와 뜻이 서로 맞도록 연결해 주세요.

| 비육지탄 | 무릉도원 | 맹모삼천 | 백아절현 |

자기를 알아주는 참다운 벗의 죽음을 슬퍼한다는 말.

자신의 능력을 발휘하지 못하고 세월만 보내는 것을 한탄함을 이르는 말.

세상에 없는 별천지를 가리키는 말.

인간의 성장에 있어서 그 환경이 중요함을 가리키는 말.

3. 알맞은 사자성어를 보기 에서 골라 (　) 안에 써 넣으세요.

보기
박장대소　　백발백중　　문경지교　　문전성시

① 옆집 피자 가게는 손님들로 (　　　　　)를 이루었어요.
② 엄마는 내 이야기를 듣고 (　　　　　)를 하셨어요.
③ (　　　　　)와 비슷한 뜻의 사자성어로 관포지교가 있어.
④ 내 예상은 잘 맞아. 언제나 (　　　　　)이라니까!

4. 초성을 보고 알맞은 사자성어를 보기 에서 골라 퍼즐을 완성하세요.

보기
백아절현　맹인모상　배수지진　비육지탄　백발백중　맹모삼천

재밌는 유래 한마당

모순 矛盾
창 모   방패 순

창과 방패라는 뜻으로, 행동이나 말의 앞뒤가 서로 맞지 않을 때 쓰는 말.

중국 초나라에 창과 방패를 파는 사람이 있었어요.

"전쟁이 자주 일어나는 시대입니다. 이럴 때 집집마다 무기 하나쯤은 갖고 있어야죠. 이 창과 방패가 여러분의 생명을 지켜 줄 것입니다."

사나이는 방패를 들어 보이며 소리쳤어요.

"놀라지 마십시오. 이 방패는 아무리 날카로운 창도 모두 막아 내는 튼튼한 방패입니다. 절대 뚫리지 않는 방패를 싼 값에 드리니 어서 사 가세요."

사나이는 방패에 대해 말을 늘어놓더니, 잠시 뒤엔 창을 집어 들었어요.

"여러분, 이 창은 아주 강하고 날카로워서 뚫지 못하는 방패가 없습니다."

사나이는 침을 튀기며 선전에 열을 올렸어요.

그때 잠자코 듣고 있던 한 노인이 손을 들고 말했어요.

"이봐요, 궁금한 것이 있는데 물어봐도 되겠소?"

"예, 말씀하시지요."

사람들은 모두 노인을 보았어요.

"당신이 들고 있는 그 창으로 좀 전에 말했던 방패를 찌르면 어느 쪽이 이기게 되는 거요? 지금 보고 싶소."

노인의 말에 당황한 사나이는 급히 물건을 챙겨 시장을 떠났어요.

이후부터 행동이나 말의 앞뒤가 서로 맞지 않을 때를 일컬어 모순(矛盾)이라고 하게 되었답니다.

제3장

ㅅㅇ
으로 시작하는
사자성어
쓰기

사면초가 四面楚歌

사방에서 초나라 노래가 들려온다는 뜻으로, 어려운 일을 만나 어떤 도움도 받을 수 없이 고립된 상태를 이르는 말.

- 뒤에는 호랑이, 앞에는 사자가 버티고 있어 고양이는 그야말로 **사면초가**였어요
- 적군에 둘러싸인 우리 군대는 **사면초가**의 상태가 되었어요.

한자의 음과 뜻을 소리 내어 읽으며 한자를 바르게 써 보세요.

四 넉 사
丨 冂 冂 四 四

面 낯 면
一 丆 丆 丙 而 而 面 面

楚 초나라 초
一 十 才 木 木 朴 村 林 枼 棽 棽 棽 楚

歌 노래 가
一 丆 可 可 可 哥 哥 哥 哥 歌 歌 歌

사자성어를 소리 내어 읽으며 바르고 예쁘게 써 보세요.

| 사 | 면 | 초 | 가 |
| 四 | 面 | 楚 | 歌 |

사상누각 沙上樓閣

월 일

모래 위에 지은 다락집이라는 뜻으로, 바탕이나 기초가 튼튼하지 못하여 오래 견디지 못할 일이나 물건을 이르는 말.

- 기초가 튼튼하지 않은 건물은 **사상누각**처럼 위험해.
- 모래 위에 지은 **사상누각**은 금방 허물어지게 돼 있어.

한자의 음과 뜻을 소리 내어 읽으며 한자를 바르게 써 보세요.

沙 모래 사	` ` ` ` 氵 氵 沙 沙 沙
上 위 상	ㅣ 卜 上
樓 다락 루(누)	一 十 オ 木 木 木 村 村 村 村 桿 楀 樓 樓
閣 집 각	ㅣ 冂 冂 冃 冃 門 門 門 門 閁 閣 閣 閣

사자성어를 소리 내어 읽으며 바르고 예쁘게 써 보세요.

| 사 | 상 | 누 | 각 |
| 沙 | 上 | 樓 | 閣 |

살신성인 殺身成仁

 월  일

자신의 몸을 바쳐 옳은 일을 이룬다는 뜻으로,
큰 뜻이나 다른 사람을 위해 자신을 희생한다는 말.

- 독립운동가들의 **살신성인** 덕분에 나라를 되찾았어요.
- 왜구가 쳐들어오자 백성들은 **살신성인**의 정신으로 맞서 싸웠어요.

한자의 음과 뜻을 소리 내어 읽으며 한자를 바르게 써 보세요.

殺 죽일 살	ノ 乂 亐 辛 手 希 杀 杀 彩 殺 殺
身 몸 신	ノ 丿 亻 斤 自 身 身
成 이룰 성	ノ 厂 厂 成 成 成
仁 어질 인	ノ 亻 仁 仁

사자성어를 소리 내어 읽으며 바르고 예쁘게 써 보세요.

| 살 | 신 | 성 | 인 |
| 殺 | 身 | 成 | 仁 |

삼고초려 三顧草廬

『삼국지』에서 유비가 제갈공명이 사는 초가집을 세 번이나 찾아갔다는 데서 나온 말로, 인재를 구하기 위해 참을성 있게 노력함을 이르는 말.

- 야호, 승우가 감독님의 삼고초려를 받아들였대!
- 우리 학교 축구부에 승우를 데려오기 위해 감독님이 삼고초려하셨대!

한자의 음과 뜻을 소리 내어 읽으며 한자를 바르게 써 보세요.

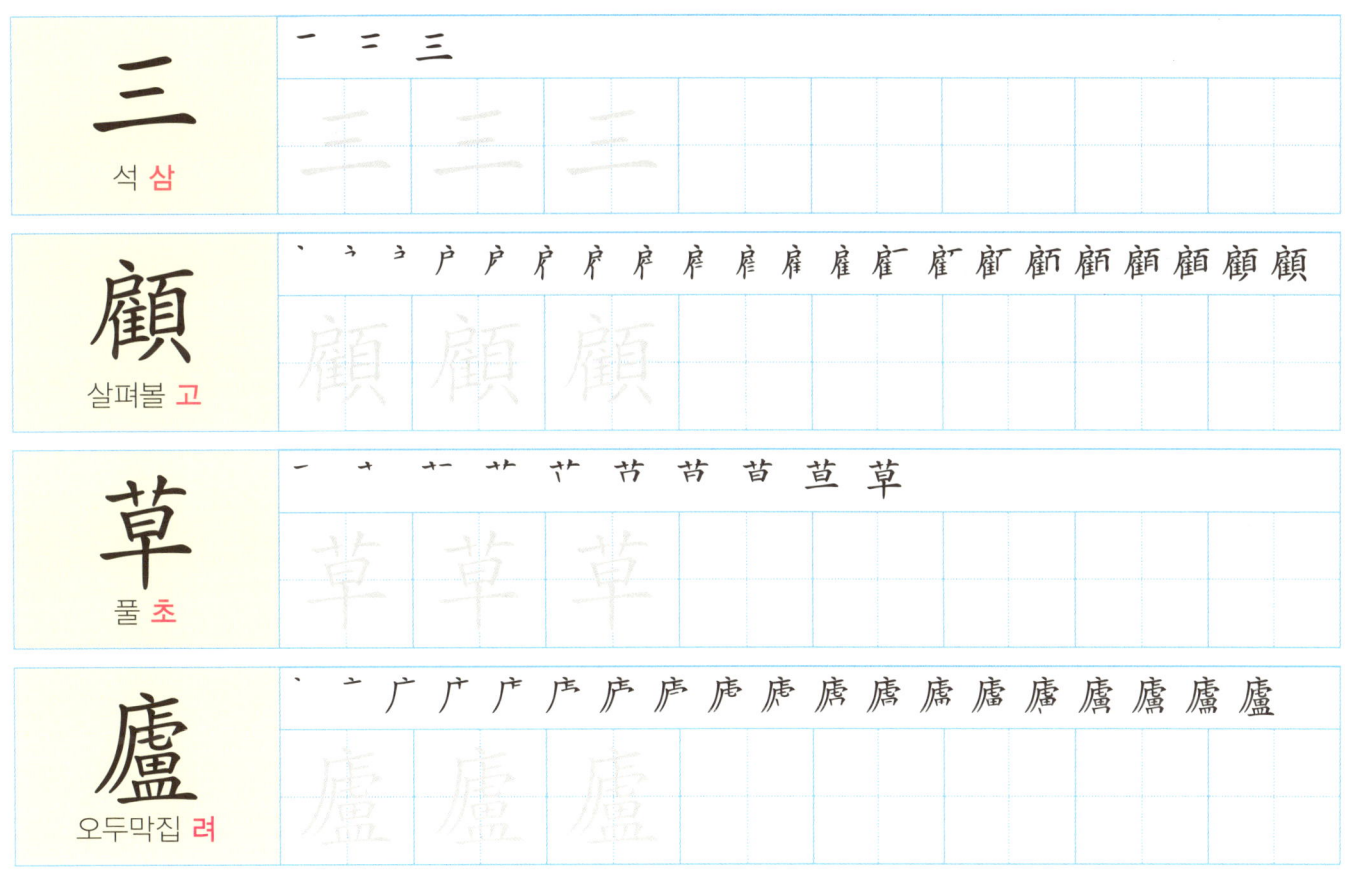

사자성어를 소리 내어 읽으며 바르고 예쁘게 써 보세요.

상전벽해 桑田碧海

뽕나무밭이 변해 푸른 바다가 되었다는 뜻으로, 세상이 몰라 볼 정도로 많이 변한 모양을 일컫는 말.

- 시골 동네에 아파트가 들어서다니, **상전벽해**로구나!
- **상전벽해**라더니, 도시가 몰라보게 변했어!

한자의 음과 뜻을 소리 내어 읽으며 한자를 바르게 써 보세요.

桑 뽕나무 상	フ ヌ ヌ 平 叒 叒 叒 叒 桑 桑
田 밭 전	ㅣ 冂 日 田 田
碧 푸를 벽	一 ㄱ ㅋ 王 王' 王ˊ 珀 珀 珀 珀 碧 碧 碧
海 바다 해	丶 氵 氵 氵 汒 汒 海 海 海 海

사자성어를 소리 내어 읽으며 바르고 예쁘게 써 보세요.

상	전	벽	해
桑	田	碧	海

새옹지마 塞翁之馬

변방에 사는 노인의 말이라는 뜻으로, 인생의 행복과 불행은 항상 바뀌어 예측할 수 없다는 말.

- 인간사 **새옹지마**야. 시험에 떨어졌다고 너무 슬퍼하지 마.
- **새옹지마**라는 말이 있잖아. 너한테도 좋은 일이 생길 거야.

한자의 음과 뜻을 소리 내어 읽으며 한자를 바르게 써 보세요.

塞 변방 새

翁 노인 옹

之 어조사 지

馬 말 마

사자성어를 소리 내어 읽으며 바르고 예쁘게 써 보세요.

새	옹	지	마
塞	翁	之	馬

설상가상 雪上加霜

월 일

눈 위에 다시 서리가 내린다는 뜻으로, 나쁜 일 위에 또 다른 나쁜 일이 겹쳐서 생기는 경우를 이르는 말.

- 감기에 걸렸는데 **설상가상**으로 몸살까지 겹쳤어요.
- 얼음판에서 미끄러졌는데 **설상가상**으로 신발까지 잃어버렸어요.

한자의 음과 뜻을 소리 내어 읽으며 한자를 바르게 써 보세요.

雪 눈 설	一 ー 戸 币 币 币 雨 雪 雪 雪
上 위 상	丨 卜 上
加 더할 가	ㄱ カ 加 加 加
霜 서리 상	一 ー 戸 币 币 币 雨 雪 雪 雪 霜 霜 霜 霜

사자성어를 소리 내어 읽으며 바르고 예쁘게 써 보세요.

| 설 | 상 | 가 | 상 |
| 雪 | 上 | 加 | 霜 |

아비규환 阿鼻叫喚

 월 일

여러 사람이 비참한 지경에 처하여 고통을 못 참고 울부짖는 참혹한 상태를 나타내는 말.

- 폭격을 맞은 동네는 그야말로 아비규환이었어요.
- 테러 단체의 총격으로 도시는 아비규환 그 자체였어요.

한자의 음과 뜻을 소리 내어 읽으며 한자를 바르게 써 보세요.

阿 큰 언덕 아	ﾞ ﾌ ﾘ 阝 阿 阿 阿 阿
鼻 코 비	ﾞ ﾉ 冂 白 白 自 自 鳥 鳥 鳥 畠 畠 鼻 鼻
叫 부르짖을 규	ㅣ ㄇ ㅁ 마 叫
喚 부를 환	ㅣ ㄇ ㅁ ㅁˊ ㅁˊˊ ㅁˊˊ 呔 咁 唤 唤 唤

사자성어를 소리 내어 읽으며 바르고 예쁘게 써 보세요.

| 아 | 비 | 규 | 환 |
| 阿 | 鼻 | 叫 | 喚 |

아전인수 我田引水

자기 논에 물을 댄다는 뜻으로, 자기에게 이익이 되도록 생각하거나 행동하는 것을 가리키는 말.

- 선생님의 꾸중에 준호는 **아전인수** 격 변명만 해 댔어요.
- **아전인수**에 빠진 정치인들에게 국민들은 실망했어요.

한자의 음과 뜻을 소리 내어 읽으며 한자를 바르게 써 보세요.

我 나 아	ノ 一 千 手 手 我 我 我
田 밭 전	丨 冂 冂 曰 田
引 끌 인	¯ ㄱ 弓 引
水 물 수	亅 刀 水 水

사자성어를 소리 내어 읽으며 바르고 예쁘게 써 보세요.

| 아 | 전 | 인 | 수 |
| 我 | 田 | 引 | 水 |

어부지리 漁夫之利

어부가 이익을 본다는 뜻으로, 둘이 다투고 있는 사이에 엉뚱한 사람이 이익을 가로챈다는 말.

- 달리기에서 1등과 2등이 뒤엉켜 넘어지는 바람에 3등 선수가 **어부지리**로 1등을 했어요.
- 두 명의 반장 후보가 부정 선거를 하는 바람에 내가 **어부지리**로 반장이 되었어.

한자의 음과 뜻을 소리 내어 읽으며 한자를 바르게 써 보세요.

漁 고기 잡을 어	` ` 氵 氵 氵 氵 沪 沪 渔 渔 渔 渔 漁 漁
夫 시아비 부	一 二 夫 夫
之 어조사 지	` 一 ㇋ 之
利 이로울 리	' 一 千 千 禾 禾 利 利

사자성어를 소리 내어 읽으며 바르고 예쁘게 써 보세요.

| 어 | 부 | 지 | 리 |
| 漁 | 夫 | 之 | 利 |

문제 꼼꼼! 실력 쑥쑥!

1. 우리말과 한자가 서로 맞게 선으로 연결해 주세요.

삼고초려		沙上樓閣
아비규환		三顧草廬
새옹지마		塞翁之馬
사상누각		阿鼻叫喚

2. 사자성어와 뜻이 서로 맞도록 연결해 주세요.

| 사면초가 | 어부지리 | 상전벽해 | 살신성인 |

- 세상이 몰라볼 정도로 많이 변한 모양을 일컫는 말.
- 어떤 도움도 받을 수 없이 고립된 상태를 이르는 말.
- 둘이 다투고 있는 사이에 엉뚱한 사람이 이익을 가로챈다는 말.
- 큰 뜻이나 다른 사람을 위해 자신을 희생한다는 말.

3. 알맞은 사자성어를 보기 에서 골라 (   ) 안에 써 넣으세요.

보기
사상누각   아전인수   설상가상   사면초가   상전벽해

① 비에 젖었는데 (   )으로 물벼락까지 맞았어요.

② 시골 동네에 아파트가 들어서다니, (   )로구나!

③ 기초가 튼튼하지 않은 건물은 (   )처럼 위험해.

④ 적군에 둘러싸인 우리 군대는 (   )의 상태가 되었어요.

⑤ 선생님의 꾸중에 준호는 (   ) 격 변명만 해댔어요.

4. 어떤 사자성어의 한자입니다. 한자의 음과 뜻을 잘 보고, 빠진 획을 써 넣어 한자를 완성하세요.

①
나 아   밭 전   끌 인   물 수

② 고기 잡을 어   지아비 부   어조사 지   이로울 리

③
죽일 살   몸 신   이룰 성   어질 인

④ 눈 설   위 상   더할 가   서리 상

오리무중 五里霧中

오 리나 되는 짙은 안개 속에 있다는 뜻으로, 무슨 일에 대하여 방향이나 갈피를 잡을 수 없음을 이르는 말.

- 범인이 어디 숨었는지 **오리무중**이야.
- 오리엔탈 특급 열차 살인 사건은 **오리무중**에 빠졌어요.

한자의 음과 뜻을 소리 내어 읽으며 한자를 바르게 써 보세요.

五 다섯 오	一 丁 五 五
里 마을 리	丶 口 日 日 旦 里 里
霧 안개 무	一 厂 丆 币 币 乕 乕 乕 乕 乕 零 雰 雰 雰 雰 霧 霧 霧
中 가운데 중	丨 口 口 中

사자성어를 소리 내어 읽으며 바르고 예쁘게 써 보세요.

| 오 | 리 | 무 | 중 |
| 五 | 里 | 霧 | 中 |

와신상담 臥薪嘗膽

장작 위에 누워서 쓰디쓴 쓸개를 맛본다는 뜻으로, 원수를 갚거나 어떤 목적을 이루기 위해 온갖 괴로움을 참고 견딤을 이르는 말.

- 그는 아버지의 원수를 갚기 위해 10년을 **와신상담**했어요.
- 나라를 빼앗긴 왕은 **와신상담**을 하며 복수의 칼을 갈았어요.

한자의 음과 뜻을 소리 내어 읽으며 한자를 바르게 써 보세요.

臥 누울 와	一 丆 丆 五 臣 臣 臥 臥
薪 섶(땔나무) 신	一 ⺿ ⺿ ⺿ 莊 莊 莊 莑 薪 薪 薪 薪 薪 薪 薪
嘗 맛볼 상	⺌ ⺌ ⺌ 当 尚 尚 尚 尚 尚 嘗 嘗 嘗 嘗
膽 쓸개 담	丿 刀 月 月 月' 月勺 胪 胪 朎 膽 膽 膽 膽 膽 膽

사자성어를 소리 내어 읽으며 바르고 예쁘게 써 보세요.

| 와 | 신 | 상 | 담 |
| 臥 | 薪 | 嘗 | 膽 |

용두사미 龍頭蛇尾

 월 일

머리는 용이나 꼬리는 뱀이라는 뜻으로, 시작은 거창하나 뒤로 갈수록 흐지부지해짐을 이르는 말.

- 열심히 운동을 하는 것 같더니 **용두사미**에 그쳤구나!
- 방학 첫날 거창하게 계획표를 짜더니 **용두사미**로 끝났어!

한자의 음과 뜻을 소리 내어 읽으며 한자를 바르게 써 보세요.

龍 용 룡(용)	` ｀ 亠 产 产 音 音 音 青 青 青 龍 龍 龍 龍
頭 머리 두	一 ｢ 戸 互 豆 豆 豆 豆' 酊 頭 頭 頭 頭 頭 頭
蛇 긴 뱀 사	` 口 口 中 虫 虫 虫` 虫' 蚯 蛇 蛇
尾 꼬리 미	｀ ｢ ｢ ｜ 尸 尸 尾 尾

사자성어를 소리 내어 읽으며 바르고 예쁘게 써 보세요.

| 용 | 두 | 사 | 미 |
| 龍 | 頭 | 蛇 | 尾 |

유비무환 有備無患

미리 갖추고 있어야 근심이 없다는 뜻으로, 미리 준비가 되어 있으면 걱정할 일이 없다는 말.

- 이순신 장군은 **유비무환** 정신으로 왜구의 침입에 대비를 했어요.
- 태풍이 분다고 하니 **유비무환**의 자세로 철저히 대비하시기 바랍니다.

한자의 음과 뜻을 소리 내어 읽으며 한자를 바르게 써 보세요.

有 있을 유	ノ ナ オ 冇 有 有
備 갖출 비	ノ イ 亻 亻 伊 伊 伊 伊 倩 倩 備
無 없을 무	ノ 亠 二 壬 牙 無 無 無 無 無
患 근심 환	丶 ㄇ ㅁ 므 吕 吕 串 串 患 患 患

사자성어를 소리 내어 읽으며 바르고 예쁘게 써 보세요.

| 유 | 비 | 무 | 환 |
| 有 | 備 | 無 | 患 |

유언비어 流言蜚語

흘러가는 말, 해충 같은 말이라는 뜻으로, 아무 근거 없이 널리 퍼진 소문을 말함.

- 준호랑 아영이랑 사귄다고? 그거 다 **유언비어**야.
- 호철이가 방귀쟁이라고 **유언비어** 퍼뜨린 사람 누구야?

한자의 음과 뜻을 소리 내어 읽으며 한자를 바르게 써 보세요.

流 흐를 류(유)

言 말씀 언

蜚 바퀴벌레 비

語 말씀 어

사자성어를 소리 내어 읽으며 바르고 예쁘게 써 보세요.

| 유 | 언 | 비 | 어 |
| 流 | 言 | 蜚 | 語 |

유유상종 類類相從

같은 무리끼리 서로 따르고 좇는다는 뜻으로, 비슷한 부류의 인간 모임을 비유한 말.

- **유유상종**이라고, 말썽꾸러기 석호와 진구가 단짝 친구래.
- 내 동생은 떡볶이를 좋아하는데, **유유상종**으로 단짝 친구들도 모두 떡볶이를 좋아한대.

한자의 음과 뜻을 소리 내어 읽으며 한자를 바르게 써 보세요.

| 類 무리 류(유) |
| 類 무리 류(유) |
| 相 서로 상 |
| 從 좇을 종 |

사자성어를 소리 내어 읽으며 바르고 예쁘게 써 보세요.

| 유 | 유 | 상 | 종 |
| 類 | 類 | 相 | 從 |

이심전심 以心傳心

마음으로 마음을 전한다는 뜻으로, 말을 하지 않고도 마음만으로 뜻을 깨닫게 한다는 말. 텔레파시가 통한다는 말과 비슷한 의미.

- 여보세요? 어머, 너랑 나랑 **이심전심**이다! 나도 지금 너한테 전화하려고 했어!
- 축구하자고? 와, **이심전심**이다. 나도 너한테 그 말 하려고 했거든!

한자의 음과 뜻을 소리 내어 읽으며 한자를 바르게 써 보세요.

以 써 이

心 마음 심

傳 전할 전

心 마음 심

사자성어를 소리 내어 읽으며 바르고 예쁘게 써 보세요.

이	심	전	심
以	心	傳	心

일거양득 一擧兩得

호랑이 두 마리가 싸우기를 기다려 상처 입은 두 마리를 힘들이지 않고 잡았다는 데서 나온 말로, 하나의 일로 두 가지 이익을 얻는다는 말.

- 내 방 청소를 하니 깨끗해서 좋고, 용돈도 벌어 좋고 완전 **일거양득**이야.
- 운동을 열심히 하니 다이어트도 되고 몸도 건강해지고, **일거양득**이네요.

한자의 음과 뜻을 소리 내어 읽으며 한자를 바르게 써 보세요.

一 한 일	
擧 들 거	
兩 두 량(양)	
得 얻을 득	

사자성어를 소리 내어 읽으며 바르고 예쁘게 써 보세요.

| 일 | 거 | 양 | 득 |
| 一 | 擧 | 兩 | 得 |

일벌백계 一罰百戒

한 사람을 벌주어 백 사람을 경계한다는 뜻으로, 다른 사람들에게 경각심을 주기 위해 본보기로 한 사람에게 벌을 주는 것을 말함.

- 선생님은 지각한 민수를 **일벌백계** 차원에서 벌을 세우셨어요.
- 불량 식품을 유통시킨 업체는 **일벌백계**로 다스려야 합니다.

한자의 음과 뜻을 소리 내어 읽으며 한자를 바르게 써 보세요.

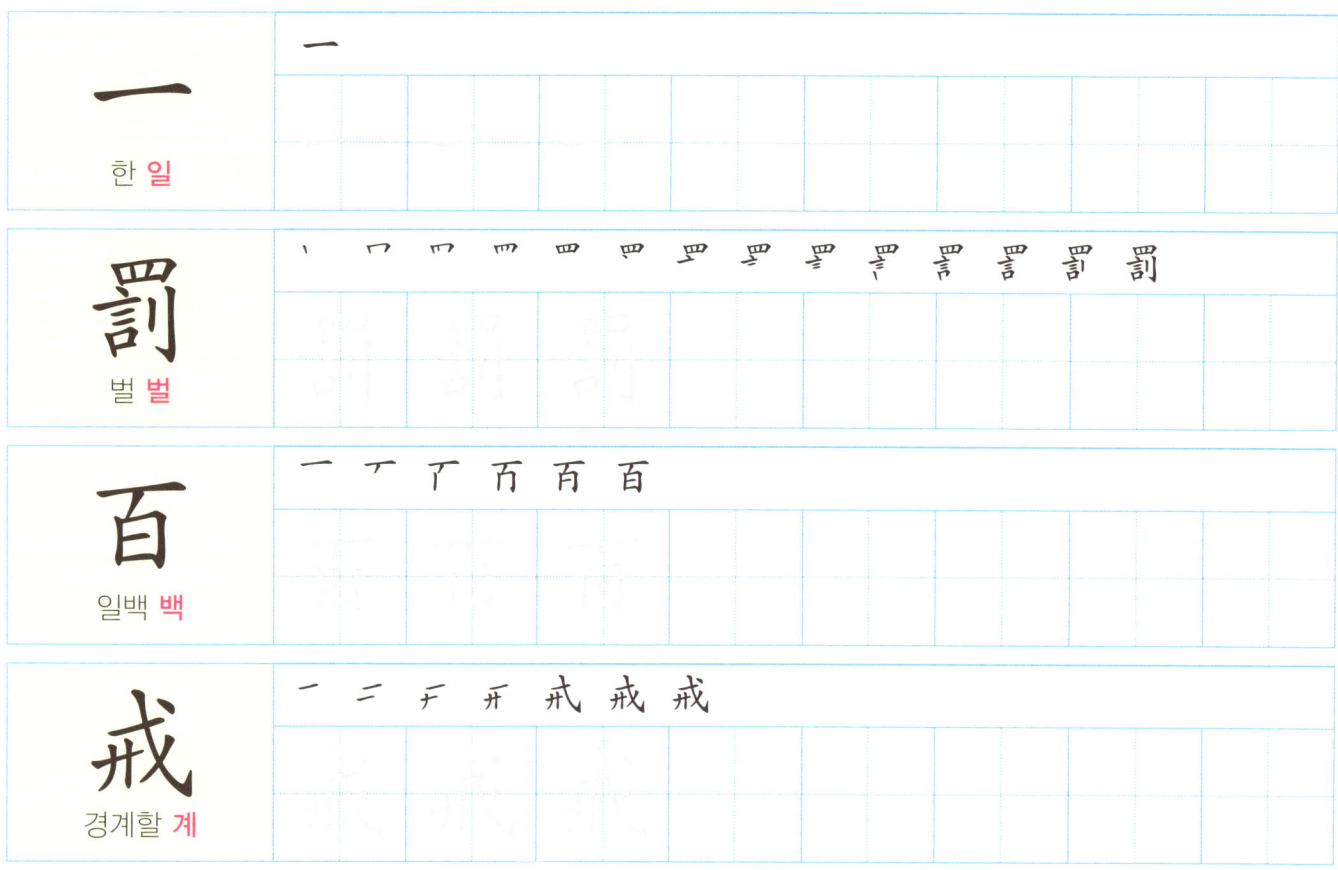

사자성어를 소리 내어 읽으며 바르고 예쁘게 써 보세요.

일장춘몽 一場春夢

한바탕의 봄꿈이라는 뜻으로,
헛된 영화나 덧없는 일을 비유할 때 쓰는 말.
'남가일몽'과 비슷한 말.

- 할아버지는 가끔 '인생은 **일장춘몽**'이라고 말씀하시곤 했어요.
- 용돈을 올려 주실 줄 알고 좋아했는데, **일장춘몽**이로구나.

한자의 음과 뜻을 소리 내어 읽으며 한자를 바르게 써 보세요.

一 한 일	一
場 마당 장	場 場 場
春 봄 춘	春 春 春
夢 꿈 몽	夢 夢 夢

사자성어를 소리 내어 읽으며 바르고 예쁘게 써 보세요.

| 일 | 장 | 춘 | 몽 | 일 | 장 | 춘 | 몽 |
| 一 | 場 | 春 | 夢 | 一 | 場 | 春 | 夢 |

문제 꼼꼼! 실력 쑥쑥!

1. 고사성어 풀이를 잘 보고 □ 안에 알맞은 고사성어를 우리말로 써 보세요.

- 비슷한 부류의 인간 모임을 비유한 말이에요.
- (   )이라고, 말썽꾸러기 석호와 진구가 단짝 친구래.

□ □ □ □

2. 사자성어와 뜻이 서로 맞도록 연결해 주세요.

| 일거양득 | 오리무중 | 와신상담 | 유비무환 |

- 미리 준비가 되어 있으면 걱정할 일이 없다는 말.
- 온갖 괴로움을 참고 견딤을 이르는 말.
- 한 가지 일로써 두 가지 이익을 얻는다는 말.
- 무슨 일에 대하여 방향이나 갈피를 잡을 수 없음을 이르는 말.

3. 알맞은 사자성어를 보기 에서 골라 (　　) 안에 써 넣으세요.

보기

일벌백계　　용두사미　　이심전심　　유언비어

① 방학 첫날 거창하게 계획표를 짜더니 (　　　　)로 끝났구나!

② 호철이가 방귀쟁이라고 (　　　　　) 퍼뜨린 사람 누구야?

③ 축구하자고? (　　　　　). 나도 너한테 그 말 하려고 했어!

④ 불량 식품을 유통시킨 업체는 (　　　　)로 다스려야 합니다.

4. 초성을 보고 알맞은 사자성어를 보기 에서 골라 퍼즐을 완성하세요.

보기

유비무환 일벌백계 일장춘몽 유유상종 와신상담 일거양득 오리무중

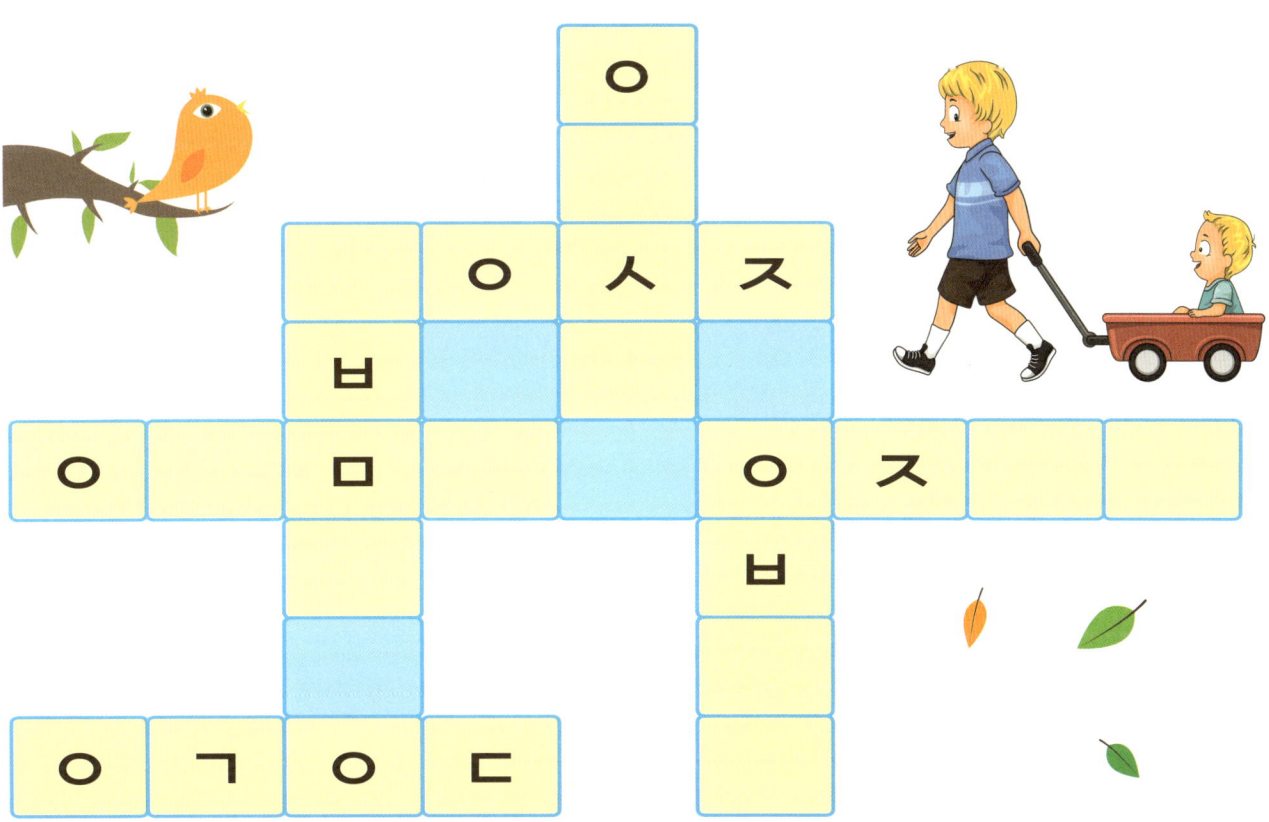

재밌는 유래 한마당

암중모색 暗中摸索
어두울 **암**　가운데 **중**　더듬을 **모**　찾을 **색**

어둠 속에서 손으로 더듬어 찾는다는 뜻으로, 어림짐작으로 추측하거나 당장은 해결점이 보이지 않는 막연한 상태에서 해법을 찾는 것을 이르는 말.

　중국 당나라에 허경종이란 학자가 있었어요. 그는 이름난 문장가로 대대로 높은 벼슬을 한 명문 집안에서 자라나, 나중에는 재상까지 지냈어요.
　고종이 황후인 왕 씨를 폐하고 무 씨(훗날의 측천무후)를 황후로 삼은 적이 있는데, 그때 허경종은 무 씨를 지지한 것으로 유명하지요.
　허경종은 이렇듯 화려한 경력을 가졌지만, 건망증이 심한 사람이었어요. 그는 방금 만난 사람도 뒤돌아서면 잊어버렸어요. 헤어진 지 5분 만에 다시 만나도 머리를 긁적이며 이렇게 묻기 일쑤였어요.
　"누구시더라? 처음 보는 얼굴이군요."
　그러면 상대방은 기가 막혀 할 말을 잃었어요.
　"그 양반, 학자라면서 사람이 왜 그래? 그런 형편없는 기억력으로 무슨 학문을 연구한다고 그러는지 원!"
　이렇게 비웃는 사람도 있었어요.
　허경종은 그 말을 전해 듣고는 이렇게 말을 했어요.
　"평범하기 짝이 없는 얼굴이야. 그 사람이 그 사람이니까 기억하기 어렵지. 아니, 기억할 가치도 없고…. 하지만 하손, 유효작, 심약, 사조 등 쟁쟁한 문장가라면, 어둠 속에서 손으로 더듬어서라도(암중모색 暗中摸索) 기억하겠지!"

제4장

ㅈㅊㅌㅍㅎ 으로 시작하는 사자성어 쓰기

자포자기 自暴自棄

절망에 빠져 스스로 자신을 포기하고 돌보지 않는다는 뜻으로, 될 대로 되라는 식으로 체념하여 몸가짐이나 행동을 함부로 한다는 말.

- 삼촌, 취직 시험에 떨어졌다고 **자포자기**하지 마!
- 우물에 빠진 염소는 **자포자기**의 상태가 되었습니다.

한자의 음과 뜻을 소리 내어 읽으며 한자를 바르게 써 보세요.

自 스스로 자	′ 亻 冂 自 自 自
暴 사나울 포	` 冂 口 日 旦 早 昌 昇 晃 暴 暴 暴 暴 暴
自 스스로 자	′ 亻 冂 自 自 自
棄 버릴 기	` 亠 云 产 产 产 弃 弃 棄 棄 棄

사자성어를 소리 내어 읽으며 바르고 예쁘게 써 보세요.

| 자 | 포 | 자 | 기 |
| 自 | 暴 | 自 | 棄 |

작심삼일 作心三日

처음에는 마음을 단단히 먹지만, 사흘만 지나면 그 결심이 흐지부지되어 버리고 만다는 뜻으로, 결심이 굳지 못함을 이르는 말.

- 새해에는 게임을 끊는다더니, **작심삼일**이구나!
- 금연을 하시겠다던 아빠의 결심은 **작심삼일**로 끝났어요.

한자의 음과 뜻을 소리 내어 읽으며 한자를 바르게 써 보세요.

作 지을 작

心 마음 심

三 석 삼

日 날 일

사자성어를 소리 내어 읽으며 바르고 예쁘게 써 보세요.

작	심	삼	일
作	心	三	日

전전긍긍 戰戰兢兢

월   일

전전이란 두려워하여 벌벌 떠는 것을,
긍긍이란 몸을 움츠리고 조심하는 것을 말해요.
즉 몹시 두려워 벌벌 떨며 조심한다는 말.

- 꽃병을 깨뜨린 동생은 엄마에게 혼날 일에 **전전긍긍**했어요.
- 빵점 맞은 시험지를 몰래 숨긴 세호는 들킬까 봐 **전전긍긍**했어요.

한자의 음과 뜻을 소리 내어 읽으며 한자를 바르게 써 보세요.

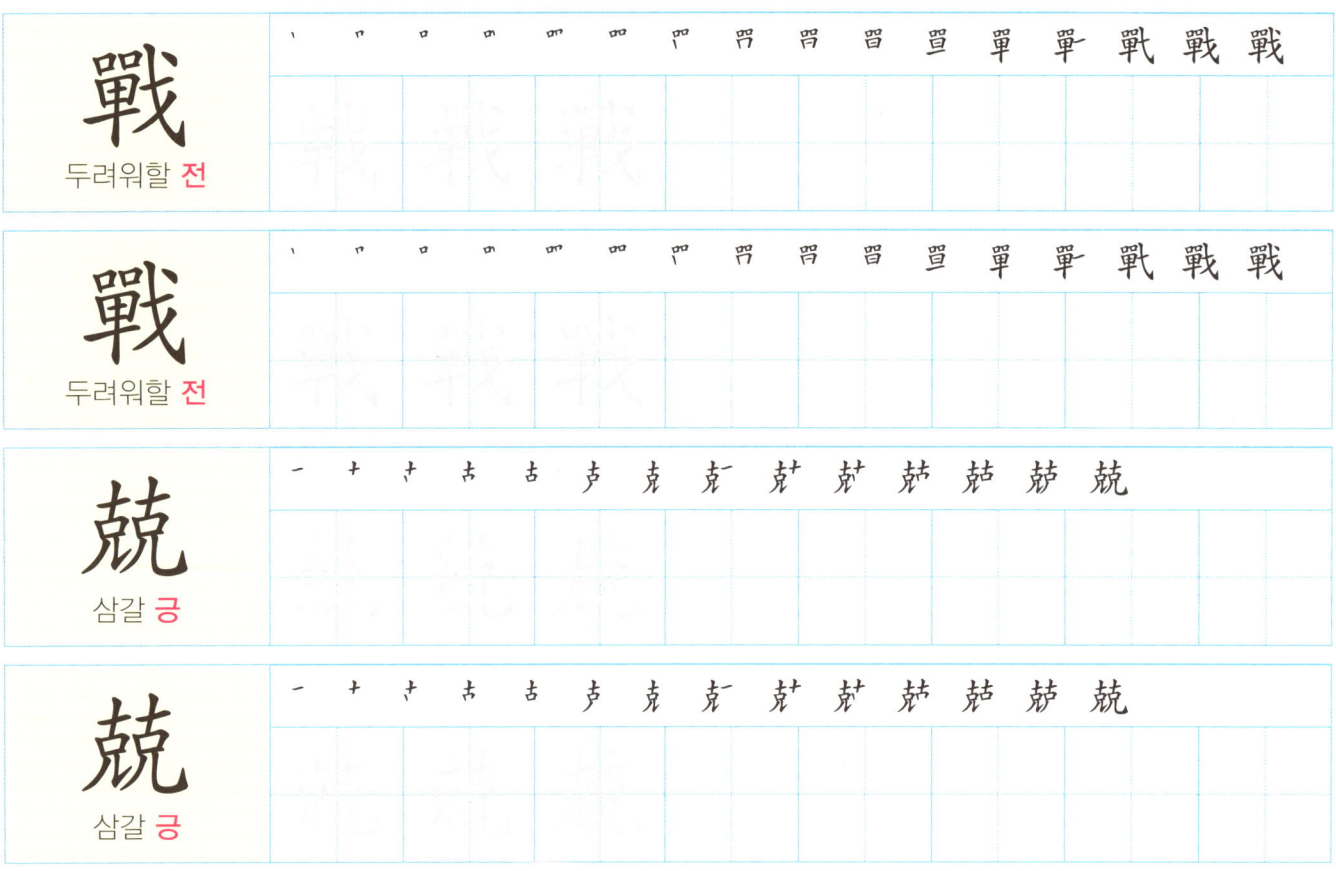

사자성어를 소리 내어 읽으며 바르고 예쁘게 써 보세요.

정중지와 井中之蛙

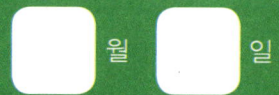월 일

우물 안 개구리라는 뜻으로, 세상 형편을 모르는 사람, 또는 생각이나 식견이 좁아 저만 잘난 줄 아는 사람을 비꼬는 말.

- 요즘 같은 글로벌 시대에 한 동네에서만 살다니, **정중지와**가 따로 없네.
- **정중지와** 같은 사람이 되지 않으려면 다양한 경험을 쌓아야 해.

한자의 음과 뜻을 소리 내어 읽으며 한자를 바르게 써 보세요.

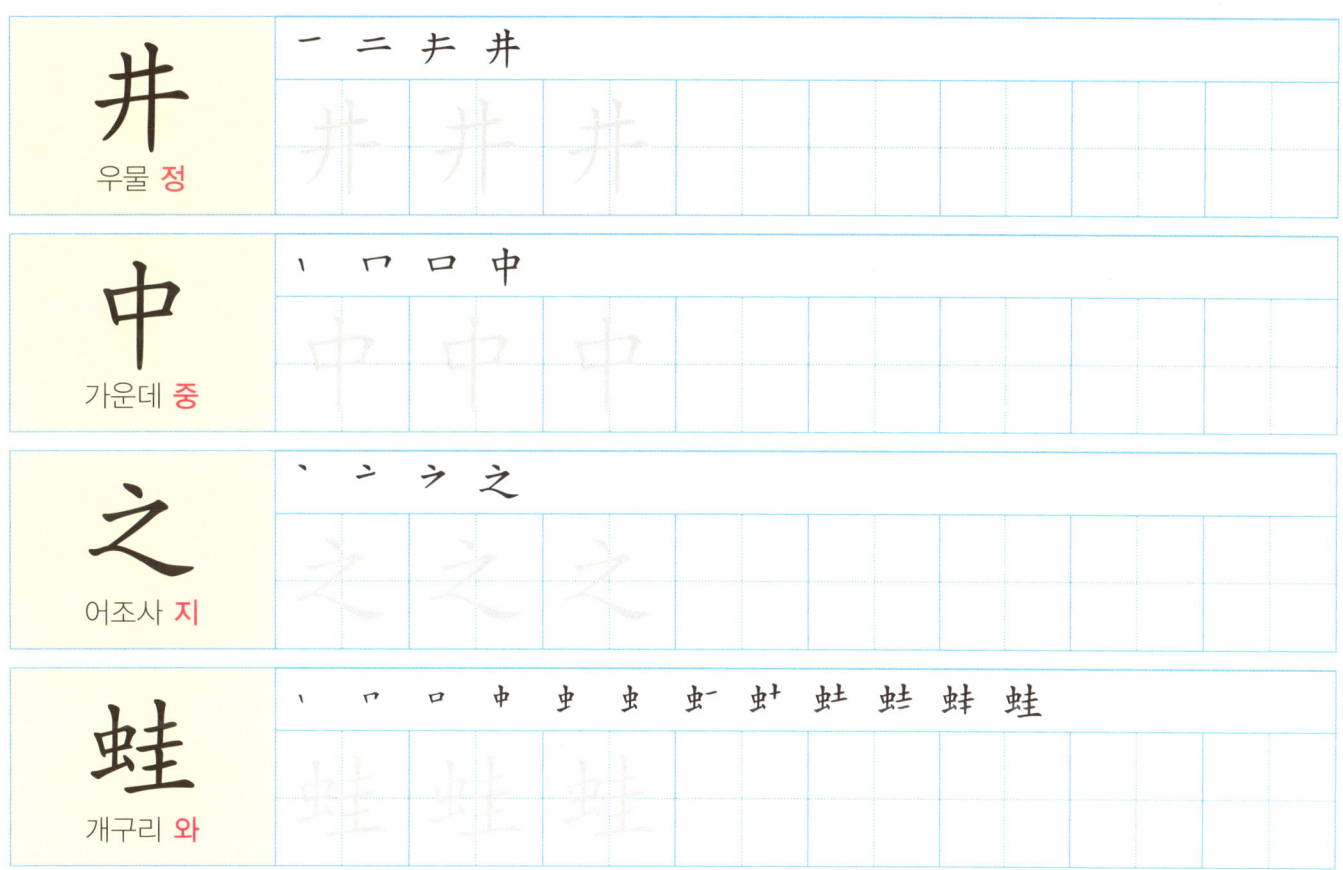

조강지처 糟糠之妻

지게미(술을 거르고 남은 찌꺼기)와 쌀겨로 끼니를 이을 때의 아내라는 뜻으로, 몹시 가난할 때 함께 고생을 한 아내를 일컫는 말.

- 이 사람이 바로 나의 **조강지처**입니다.
- 나와 50년을 함께한 **조강지처**가 세상을 떠났다오.

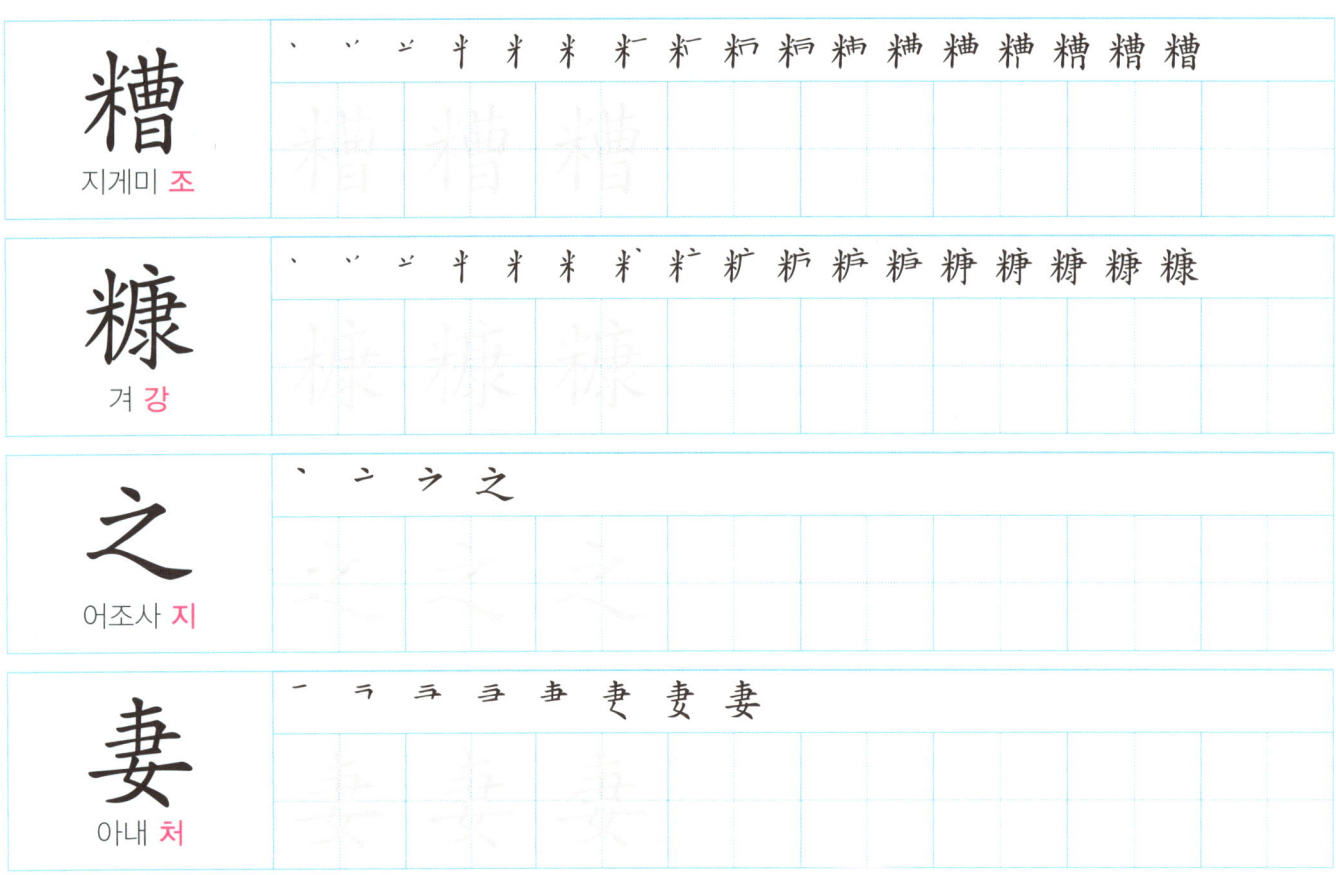

한자의 음과 뜻을 소리 내어 읽으며 한자를 바르게 써 보세요.

糟 지게미 조	` ` ` ⺊ ⺀ ⺍ 米 米` 米⺀ 米⺍ 粐 粡 糟 糟 糟 糟 糟
糠 겨 강	` ` ` ⺊ ⺀ ⺍ 米 米` 米⺀ 米⺍ 粐 粐 糠 糠 糠 糠 糠
之 어조사 지	` ⺀ ⺍ 之
妻 아내 처	一 ⺊ ⺀ ⺍ 肀 妻 妻 妻

사자성어를 소리 내어 읽으며 바르고 예쁘게 써 보세요.

| 조 | 강 | 지 | 처 |
| 糟 | 糠 | 之 | 妻 |

조삼모사 朝三暮四

아침에는 세 개, 저녁에는 네 개란 뜻으로, 간사한 꾀로 남을 속여 희롱함을 이르는 말.

- 눈앞의 이익에 눈이 멀어 **조삼모사**인 줄도 몰라요.
- 용돈을 두 배로 주신다고 해서 좋아했는데, 대신 두 달에 한 번 주기로 해서 **조삼모사**야!

한자의 음과 뜻을 소리 내어 읽으며 한자를 바르게 써 보세요.

朝 아침 조	朝 朝 朝
三 석 삼	三 三 三
暮 저녁 모	暮 暮 暮
四 넉 사	四 四 四

사자성어를 소리 내어 읽으며 바르고 예쁘게 써 보세요.

조	삼	모	사
朝	三	暮	四

죽마고우 竹馬故友

□ 월 □ 일

대나무로 만든 말을 타고 놀던 옛 친구라는 뜻으로, 어릴 때부터 같이 놀며 자란 친구를 일컫는 말. 비슷한 말 죽마지우.

- 할아버지는 오랜만에 **죽마고우**를 만나셨어요.
- 엄마는 **죽마고우**들과 함께 부산으로 여행을 떠나셨어요.

한자의 음과 뜻을 소리 내어 읽으며 한자를 바르게 써 보세요.

竹 대나무 죽	ノ 亻 ⺊ ⺮ ⺮ 竹
馬 말 마	丨 厂 厂 F F 馬 馬 馬 馬 馬
故 옛 고	一 十 十 古 古 古 古 故 故
友 벗 우	一 ナ 方 友

사자성어를 소리 내어 읽으며 바르고 예쁘게 써 보세요.

| 죽 | 마 | 고 | 우 | | | | |
| 竹 | 馬 | 故 | 友 | | | | |

천고마비 天高馬肥

월 일

하늘이 높고 말이 살찐다는 뜻으로, 하늘이 맑아 높푸르게 보이고 온갖 곡식이 익는 가을철을 이르는 말.

- 아, 어느새 **천고마비**의 계절이 되었구나!
- **천고마비**의 계절을 맞아 전국 초등 독서 대회가 열렸어요.

한자의 음과 뜻을 소리 내어 읽으며 한자를 바르게 써 보세요.

天 하늘 천	一 二 于 天
高 높을 고	丶 亠 宀 广 亩 亭 高 高 高
馬 말 마	丨 冂 冂 丐 丐 圧 馬 馬 馬 馬
肥 살찔 비	丿 几 月 月 刖 刖 肥 肥

사자성어를 소리 내어 읽으며 바르고 예쁘게 써 보세요.

천	고	마	비
天	高	馬	肥

천의무봉 天衣無縫

하늘나라의 옷은 꿰맨 흔적이 없다는 뜻으로, 일부러 꾸민 데 없이 자연스럽고 아름다우면서 완전함을 이르는 말.

- 미나가 지은 동시는 **천의무봉**이라는 칭찬을 받았어요.
- 이 섬은 사람들의 발길이 닿지 않은 **천의무봉**의 섬이랍니다.

한자의 음과 뜻을 소리 내어 읽으며 한자를 바르게 써 보세요.

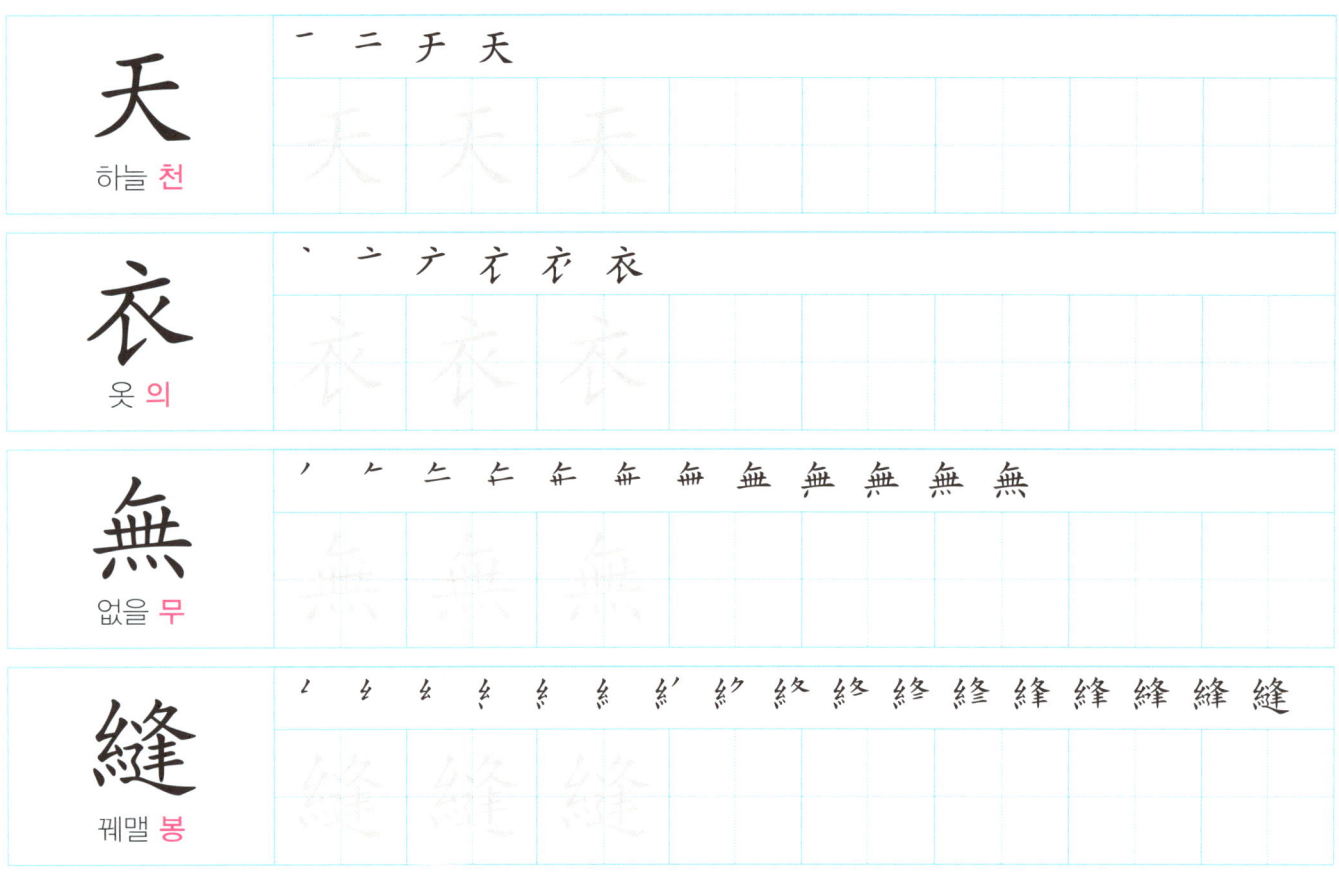

사자성어를 소리 내어 읽으며 바르고 예쁘게 써 보세요.

천편일률 千篇一律

여러 시문이 뛰어난 것이 없고 모두 비슷하다는 뜻으로, 개성 없이 엇비슷하여 개별적 특성이 없음을 이르는 말.

- 아파트의 구조는 **천편일률**적으로 똑같아요.
- 옛날이야기 속 계모의 성격은 **천편일률**적이에요.

한자의 음과 뜻을 소리 내어 읽으며 한자를 바르게 써 보세요.

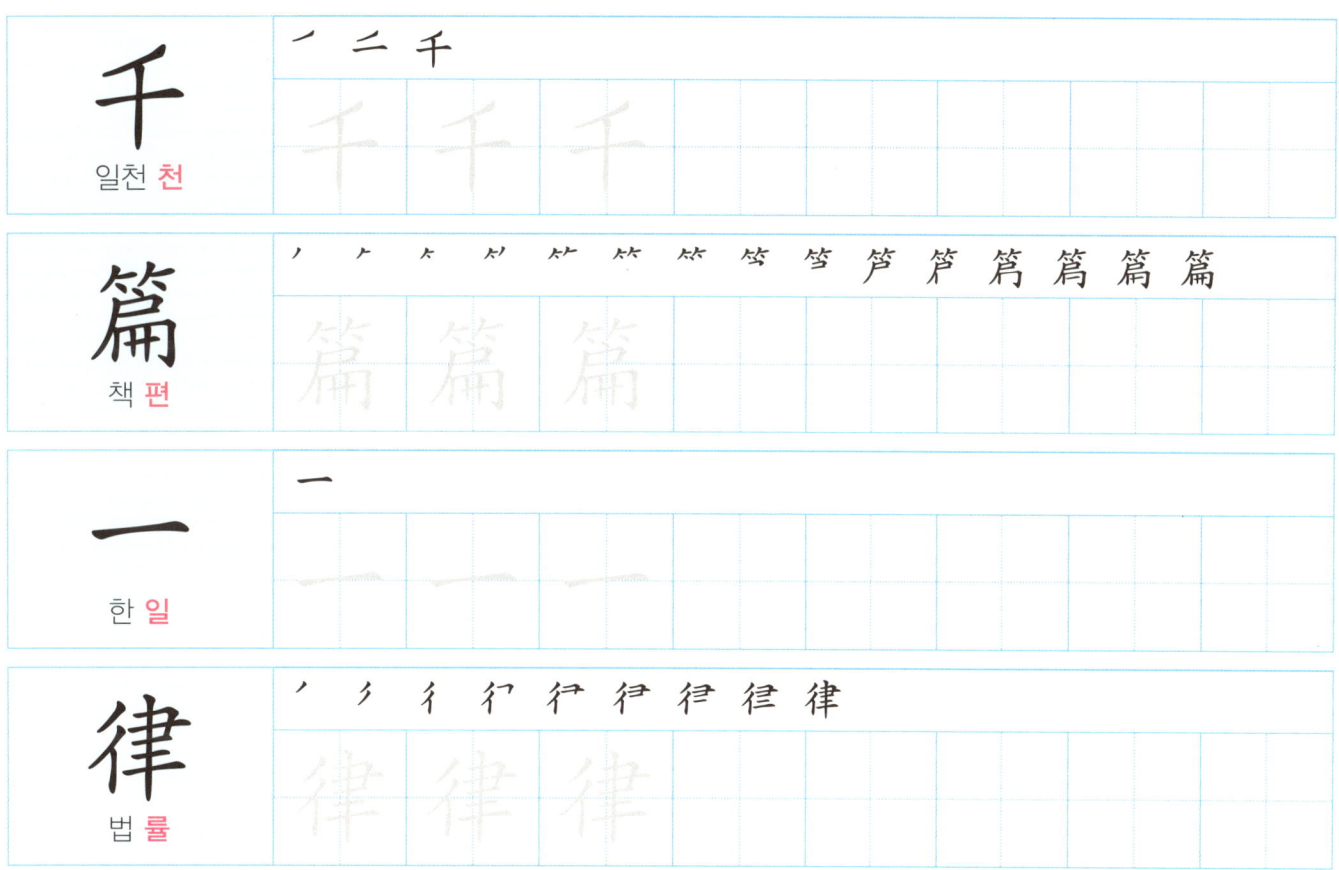

사자성어를 소리 내어 읽으며 바르고 예쁘게 써 보세요.

문제 꼼꼼! 실력 쑥쑥!

1. 우리말과 한자가 서로 맞게 선으로 연결해 주세요.

자포자기	•	•	糟糠之妻
전전긍긍	•	•	千篇一律
천편일률	•	•	戰戰兢兢
조강지처	•	•	自暴自棄

2. 사자성어와 뜻이 서로 맞도록 연결해 주세요.

| 작심삼일 | 조삼모사 | 정중지와 | 천고마비 |

| 간사한 꾀로 남을 속여 희롱함을 이르는 말. | 하늘이 맑아 높푸르게 보이고 온갖 곡식이 익는 가을철을 이르는 말. | 세상 형편을 모르는 사람, 또는 생각이나 식견이 좁은 사람을 비꼬는 말. | 사흘만 지나면 그 결심이 흐지부지되어 버리고 만다는 뜻. |

3. 알맞은 사자성어를 보기 에서 골라 (   ) 안에 써 넣으세요.

보기

천편일률   전전긍긍   천의무봉   죽마고우   자포자기

① 할아버지는 오랜만에 (   )를 만나셨어요.

② 이 섬은 사람들의 발길이 닿지 않은 (   )의 섬이랍니다.

③ 아파트의 구조는 (   )적으로 똑같아요.

④ 빵점 맞은 시험지를 몰래 숨긴 세호는 들킬까 봐

  (   )했어요.

⑤ 삼촌, 취직 시험에 떨어졌다고 (   )하지 마!

4. 어떤 사자성어의 한자입니다. 한자의 음과 뜻을 잘 보고, 빠진 획을 써 넣어 한자를 완성하세요.

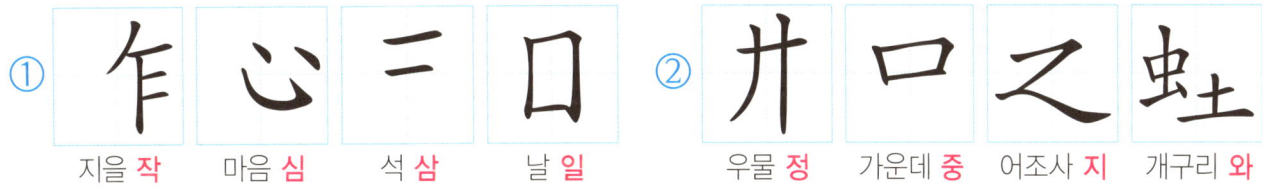

① 지을 작   마음 심   석 삼   날 일   ② 우물 정   가운데 중   어조사 지   개구리 와

③ 하늘 천   높을 고   말 마   살찔 비   ④ 일천 천   책 편   한 일   법 률

청천벽력 青天霹靂

맑게 갠 하늘에서 치는 날벼락이라는 뜻으로, 뜻밖에 일어난 큰 변고나 사건을 이르는 말.

- 짝꿍이 교통사고를 당했다는 **청천벽력** 같은 소식이 전해졌어요.
- 뭐? 쪽지 시험을 본다고? 이게 무슨 **청천벽력** 같은 소리야?

한자의 음과 뜻을 소리 내어 읽으며 한자를 바르게 써 보세요.

青 푸를 청	一 = 十 圭 丰 青 青 青
天 하늘 천	一 二 チ 天
霹 벼락 벽	(필순)
靂 벼락 력	(필순)

사자성어를 소리 내어 읽으며 바르고 예쁘게 써 보세요.

| 청 | 천 | 벽 | 력 |
| 青 | 天 | 霹 | 靂 |

타산지석 他山之石

 월 일

본이 되지 않는 남의 말이나 행동도 자신의 지식과 인격을 기르는 데 도움이 될 수 있다는 말.

- 이가 썩은 너를 **타산지석** 삼아 난 열심히 양치질을 할 거야.
- 코로나19를 **타산지석**으로 삼아 감염병 예방에 힘을 쏟기로 했어요.

한자의 음과 뜻을 소리 내어 읽으며 한자를 바르게 써 보세요.

他 다를 타	ノ 亻 仂 他 他
山 뫼 산	ㅣ 凵 山
之 어조사 지	丶 亠 ㇇ 之
石 돌 석	一 ア 丆 石 石

사자성어를 소리 내어 읽으며 바르고 예쁘게 써 보세요.

| 타 | 산 | 지 | 석 |
| 他 | 山 | 之 | 石 |

토사구팽 兔死狗烹

월 일

토끼 사냥이 끝나면 사냥개도 필요 없게 되어 주인에게 잡아먹힌다는 뜻으로, 필요할 때는 쓰고 필요 없어지면 헌신짝처럼 버리는 경우를 이르는 말.

- 영호가 반장 선거가 끝난 뒤 **토사구팽** 당했대!
- 으으, 내가 너한테 **토사구팽** 당할 줄은 꿈에도 몰랐다!

한자의 음과 뜻을 소리 내어 읽으며 한자를 바르게 써 보세요.

兔 토끼 **토**

死 죽을 **사**

狗 개 **구**

烹 삶을 **팽**

사자성어를 소리 내어 읽으며 바르고 예쁘게 써 보세요.

토	사	구	팽
兔	死	狗	烹

파죽지세 破竹之勢

 월 일

대나무를 쪼갤 때와 같은 기세라는 뜻으로,
거칠 것 없이 무서운 기세를 이르는 말.

- 연합군은 적진을 향해 **파죽지세**로 진격했어요.
- 우리나라 축구 국가대표 팀은 **파죽지세**로 결승전에 진출했습니다!

한자의 음과 뜻을 소리 내어 읽으며 한자를 바르게 써 보세요.

破 쪼갤 파	一 丆 テ 石 石 矽 矽 砂 破 破
竹 대나무 죽	ノ ㅅ ㅅ ㅅ ㅆ 竹
之 어조사 지	丶 ㅡ ㄣ 之
勢 기세 세	一 十 土 耂 耂 耂 耂 幸 刲 執 執 埶 勢

사자성어를 소리 내어 읽으며 바르고 예쁘게 써 보세요.

| 파 | 죽 | 지 | 세 |
| 破 | 竹 | 之 | 勢 |

평지풍파 平地風波

평온한 땅에서 일어나는 세찬 바람과 파도라는 뜻으로, 평온하던 중에 갑자기 분쟁이 일어나는 것을 이르는 말.

- 동생의 고자질로 한바탕 **평지풍파**가 일었어요.
- 삼촌은 평온하던 우리 집안에 **평지풍파**를 일으켰어요.

한자의 음과 뜻을 소리 내어 읽으며 한자를 바르게 써 보세요.

平 평평할 평	一 一 二 三 平
地 땅 지	一 十 土 土 地 地
風 바람 풍	丿 几 凡 凡 凨 凨 風 風 風
波 물결 파	丶 氵 氵 沪 沪 波 波

사자성어를 소리 내어 읽으며 바르고 예쁘게 써 보세요.

| 평 | 지 | 풍 | 파 |
| 平 | 地 | 風 | 波 |

함흥차사 咸興差使

월 일

함흥에 보낸 차사라는 뜻으로, 심부름을 가서 오지 않거나, 늦게 온 사람을 이르는 말.

- 빵을 사러 간 지가 언젠데 아직도 **함흥차사**야?
- 집에 가서 축구공을 가지고 온다더니 **함흥차사**네?

한자의 음과 뜻을 소리 내어 읽으며 한자를 바르게 써 보세요.

咸 모두 함	ノ 厂 厂 厂 戶 戌 戌 咸 咸 咸
興 흥할 흥	′ ′ ′ ′ 臼 臼 伺 伺 伺 伺 興 興 興
差 다를 차	` `` ``` ``` 丷 䒑 羊 差 差 差 差
使 사신 사	ノ 亻 亻 仁 仁 佢 使 使

사자성어를 소리 내어 읽으며 바르고 예쁘게 써 보세요.

| 함 | 흥 | 차 | 사 |
| 咸 | 興 | 差 | 使 |

형설지공 螢雪之功

월 일

반딧불이·눈과 함께하는 노력이라는 뜻으로, 고생을 하면서 부지런하고 꾸준하게 공부하는 자세를 이르는 말.

- 우리 아빠는 **형설지공**의 산증인이야!
- **형설지공**을 마음에 새기고 열심히 공부하도록 해!

한자의 음과 뜻을 소리 내어 읽으며 한자를 바르게 써 보세요.

螢 반딧불이 **형**	` ´ ゛゛ ゛ 炏 炏 炏 炏 炏 炏 炏 炏 炏 螢 螢
雪 눈 **설**	ー 厂 广 庁 雨 雨 雨 雪 雪 雪
之 어조사 **지**	` ー 宀 之
功 공 **공**	ー T 工 功 功

사자성어를 소리 내어 읽으며 바르고 예쁘게 써 보세요.

| 형 | 설 | 지 | 공 |
| 螢 | 雪 | 之 | 功 |

호가호위 狐假虎威

여우가 호랑이의 힘을 빌려 위세를 부린다는 뜻으로, 아무 실력도 없으면서 배경만 믿고 함부로 날뛰는 경우를 이르는 말.

- 토끼가 호랑이와 친해지더니 **호가호위**하고 있어!
- 할머니의 애정을 무기 삼아 **호가호위**하는 남동생이 얄미워요.

한자의 음과 뜻을 소리 내어 읽으며 한자를 바르게 써 보세요.

狐 여우 호	ノ ブ ガ ガ 狐 狐 狐
假 거짓 가	ノ イ 亻 作 作 作 作 作 假 假
虎 호랑이 호	ノ ト 产 卢 卢 虍 虎
威 위세 위	ノ 厂 厂 厂 反 反 威 威 威

사자성어를 소리 내어 읽으며 바르고 예쁘게 써 보세요.

| 호 | 가 | 호 | 위 |
| 狐 | 假 | 虎 | 威 |

화룡점정 畫龍點睛

□ 월 □ 일

용을 그리고 눈동자를 찍는다는 뜻으로, 가장 중요한 부분을 마치어 일을 완성함을 이르는 말.

- 이 초상화의 **화룡점정**은 바로 콧등의 점입니다!
- 오늘 엄마 요리의 **화룡점정**은 새우튀김이란다.

한자의 음과 뜻을 소리 내어 읽으며 한자를 바르게 써 보세요.

畫 그림 화	ㄱ ㄱ ㅋ ㅋ 聿 聿 書 書 書 書 畫 畫

龍 용 룡	` ㅗ ㅗ ㅛ ㅜ 音 音 育 育 背 背 龍 龍 龍 龍

點 점 점	ㅣ ㅁ ㅁ ㅁ 曰 甲 里 里 黑 黑 黑 黑 點 點 點

睛 눈동자 정	ㅣ 冂 冂 月 目 目 計 計 晴 晴 晴 睛

사자성어를 소리 내어 읽으며 바르고 예쁘게 써 보세요.

화	룡	점	정				
畫	龍	點	睛				

환골탈태 換骨奪胎

뼈를 바꾸고 태를 빼낸다는 뜻으로, 얼굴이나 모습이 전에 비해 마치 딴사람처럼 몰라보게 좋아진 것을 비유하여 이르는 말.

- 다이어트 성공으로 **환골탈태**한 우리 고모.
- 병약했던 재석이가 근육질 몸으로 **환골탈태**했어요.

한자의 음과 뜻을 소리 내어 읽으며 한자를 바르게 써 보세요.

換 바꿀 환

骨 뼈 골

奪 빼앗을 탈

胎 아이 밸 태

사자성어를 소리 내어 읽으며 바르고 예쁘게 써 보세요.

환골탈태
換骨奪胎

문제 꼼꼼! 실력 쑥쑥!

1. 고사성어 풀이를 잘 보고 □ 안에 알맞은 고사성어를 우리말로 써 보세요.

- 아무 실력도 없으면서 배경만 믿고 함부로 날뛰는 경우를 이르는 말.
- 할머니의 애정을 무기 삼아 (　　　) 하는 남동생이 얄미워요.

2. 사자성어와 뜻이 서로 맞도록 연결해 주세요.

| 청천벽력 | 토사구팽 | 평지풍파 | 화룡점정 |

- 필요할 때는 쓰고 필요 없어지면 헌신짝처럼 버리는 경우를 이르는 말.
- 뜻밖에 일어난 큰 변고나 사건을 이르는 말.
- 가장 중요한 부분을 마치어 일을 완성함을 이르는 말.
- 평온하던 중에 갑자기 분쟁이 일어나는 것을 이르는 말.

3. 알맞은 사자성어를 보기 에서 골라 (   ) 안에 써 넣으세요.

보기
함흥차사   환골탈태   파죽지세   타산지석

① 코로나19를 (   )으로 삼아 감염병 예방과 관리에 힘을 쏟았어요.

② 연합군은 적진을 향해 (   )로 진격했어요.

③ 빵을 사러 간 지가 언젠데 아직도 (   )야?

④ 병약했던 재석이가 근육질 몸으로 (   )했어요.

4. 초성을 보고 알맞은 사자성어를 보기 에서 골라 퍼즐을 완성하세요.

보기
청천벽력 파죽지세 함흥차사 형설지공 타산지석 평지풍파 호가호위 화룡점정

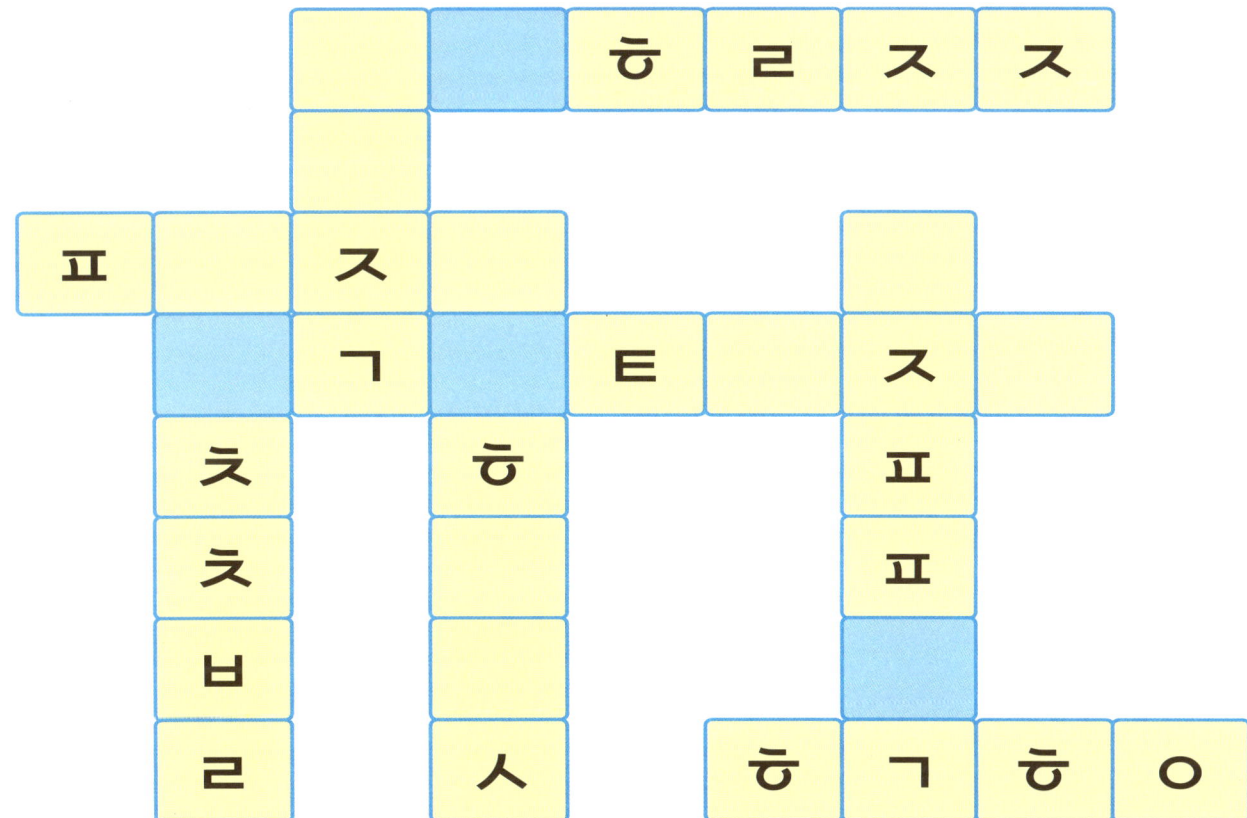

재밌는 유래 한마당

천리안 千里眼
일천 천   마을 리   눈 안

천 리 밖을 보는 눈이란 뜻으로, 사물을 꿰뚫어 볼 수 있는 뛰어난 관찰력을 이르는 말.

중국 남북조 시대, 북위의 장제 때 양일이란 사람이 광주 자사로 있었어요. 양일은 백성을 위하는 일이라면 언제나 발 벗고 나섰어요.

어느 해 광주에 흉년이 들어 백성들이 굶주림에 허덕이자, 양일은 곡식 창고를 지키는 관원에게 명령했어요.

"창고를 열어 곡식을 모두 백성들에게 나누어 주어라!"

"상부의 허가를 받기 전에는 안 됩니다."

관원이 이렇게 말하자, 양일은 단호하게 말했어요.

"백성들이 굶어 죽고 있다. 백성이 없으면 나라가 무슨 소용이 있겠느냐?"

양일은 창고를 열어 백성들에게 곡식을 나누어 주었어요.

양일은 관리들이 백성들에게 피해를 주는 것을 가장 싫어했어요. 그래서 그런 일은 없는지 곳곳에 감시원을 두어 살폈어요. 관리들은 볼일을 보러 나갈 때는 도시락을 들고 다녀야 했어요.

백성들 중에는 간혹 관리들에게 음식을 대접하려는 사람이 있었어요. 그때마다 관리들은 이렇게 말하며 그 대접을 거절했어요.

"우리 고을 자사께서는 천리안(千里眼)을 가지고 있어요. 그분을 도저히 속일 수가 없어요. 음식 대접은 사양하겠습니다."

'천리안'이란 말은 이래서 생겨났답니다.

정답

18쪽-19쪽

1.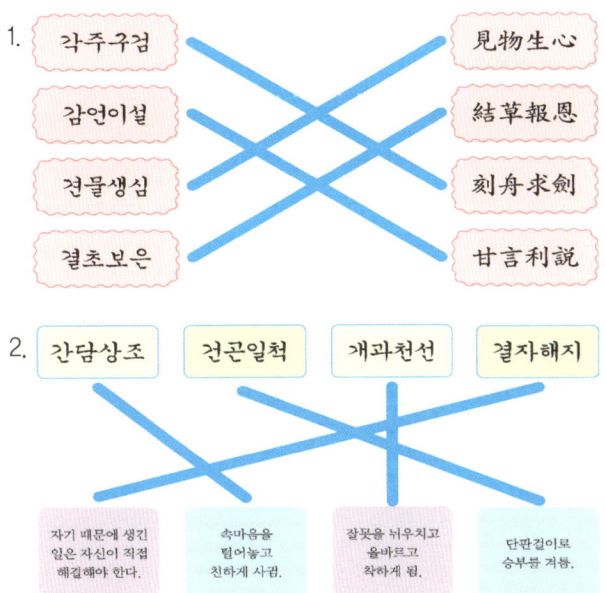

2.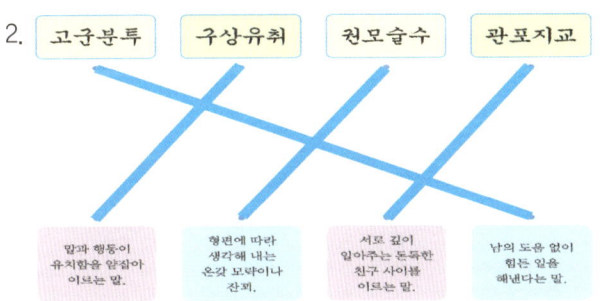

3. ① (경거망동)　② (결초보은)　③ (감언이설)
　④ (각주구검)　⑤ (경국지색)

4. ① 結者解之　② 乾坤一擲　③ 見物生心　④ 肝膽相照

30쪽-31쪽

1. 권선징악

2.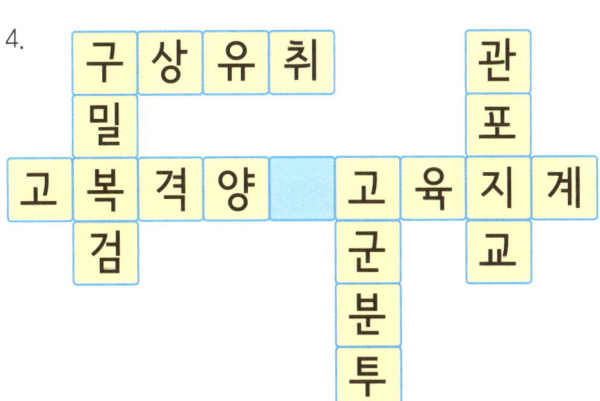

3. ① (고육지계)　② (금상첨화)　③ (고복격양)　④ (군계일학)

4.
구	상	유	취		관		
밀					포		
고	복	격	양		고	육	지	계
검					군		교
					분
					투

44쪽-45쪽

1.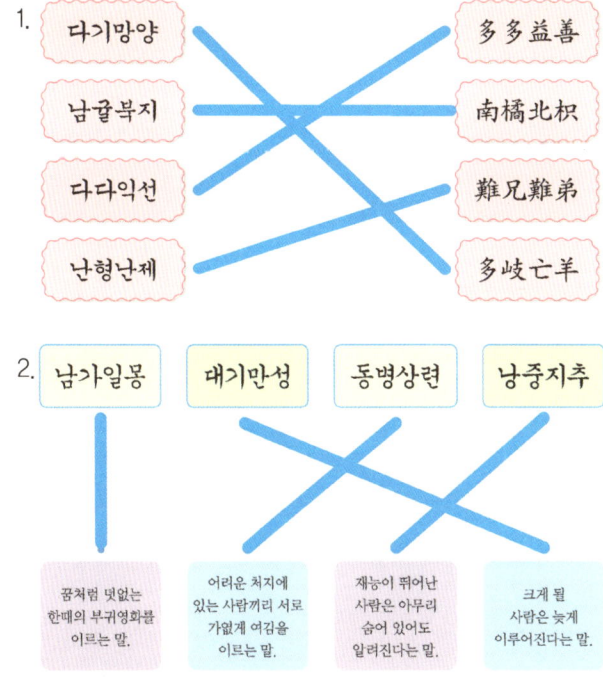

2.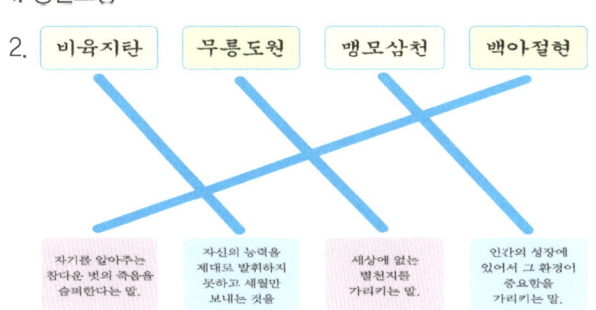

3. ① (남가일몽)　② (대기만성)　③ (다다익선)
　④ (마이동풍)　⑤ (낭중지추)

4. ① 東問西答　② 馬耳東風　③ 多岐亡羊　④ 同病相憐

56쪽-57쪽

1. 맹인모상

2.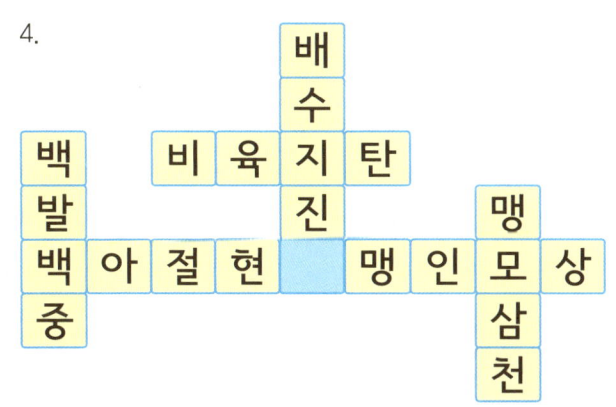

3. ① (문전성시)　② (박장대소)　③ (문경지교)　④ (백발백중)

4.
		배
		수
백	비	육	지	탄
발			진		맹
백	아	절	현		맹	인	모	상
중							삼
							천

70쪽-71쪽

1.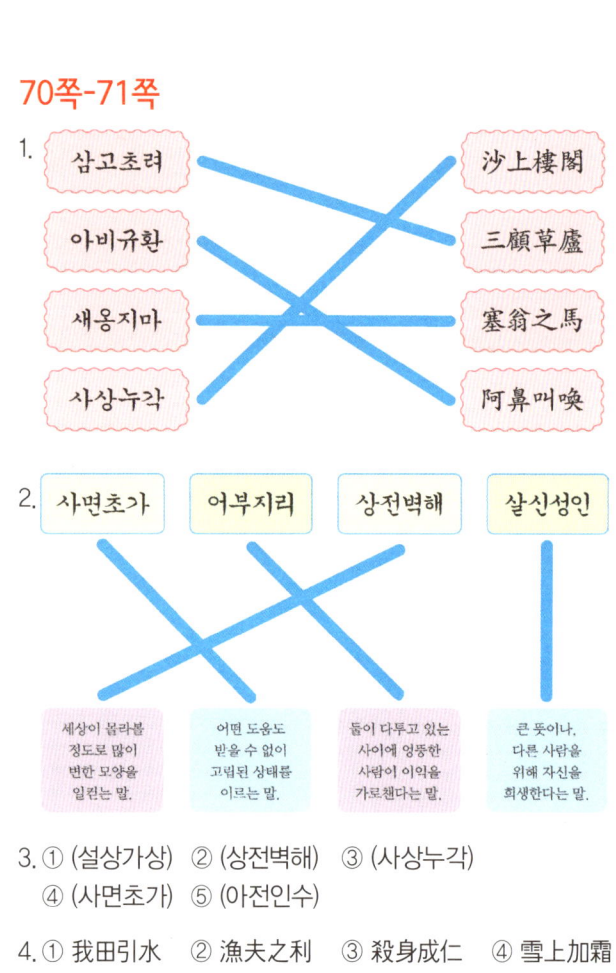

2. (연결 문제)

3. ① (설상가상) ② (상전벽해) ③ (사상누각)
   ④ (사면초가) ⑤ (아전인수)

4. ① 我田引水 ② 漁夫之利 ③ 殺身成仁 ④ 雪上加霜

82쪽-83쪽

1. 유유상종

2. (연결 문제)

3. ① (용두사미) ② (유언비어) ③ (이심전심) ④ (일벌백계)

4.

96쪽-97쪽

1.

2. (연결 문제)

3. ① (죽마고우) ② (천의무봉) ③ (천편일률)
   ④ (전전긍긍) ⑤ (자포자기)

4. ① 作心三日 ② 井中之蛙 ③ 天高馬肥 ④ 千篇一律

108쪽-109쪽

1. 호가호위

2. (연결 문제)

3. ① (타산지석) ② (파죽지세) ③ (함흥차사) ④ (환골탈태)

4.